«Si usted quiere ser en ver... ... su vida,
acepte el mensaje transform... ... Deje que
David Jeremiah le inspire y ...

KEN BLANCHARD

Coautor de *El Mánager al minuto* y *El secreto*

«El Dr. Jeremiah ha captado el tema de la gracia de una forma singular, práctica y poderosa. Cuando lea este libro, su corazón también será cautivado por la gracia».

DR. TONY EVANS

Pastor principal de la Fraternidad Bíblica de Oak
Cliff y presidente de The Urban Alternative

«Estoy en verdad contento de que usted haya seleccionado este libro. *Cautivados por la gracia* es una historia que cambia vidas sobre el favor y la fidelidad increíbles de Dios. Como siempre, David Jeremiah transmite un gozo que se propaga con facilidad y una fe contagiosa. Le prometo que cuando concluya de leer este libro, ¡va a decir que la Gracia es en realidad sorprendente!».

DR. JACK GRAHAM

Pastor de la Iglesia Bautista de Prestonwood

«*Cautivados por la gracia* es uno de los libros más interesantes y motivadores que he leído. Está elaborado sobre la base de las Escrituras e ilustrado con las similitudes sorprendentes entre el asesino del siglo primero Pablo de Tarso y el negrero del siglo dieciocho John Newton. […] Su estilo singular de escritura ilustra la comprensión sorprendente del autor, tanto de la Escritura como de las vidas de muchos que han sido tocados por la gracia sobrenatural de Dios. Todos podemos beneficiarnos de la lectura de este libro delicioso».

TIM LAHAYE

Pastor y autor

«David Jeremiah es un tesoro de nuestro tiempo. Al hacer énfasis en la verdad bíblica y seguir de cerca el tono de la cultura contemporánea, el Dr. Jeremiah expone con habilidad lo que es y lo que no es la gracia de Dios en su más reciente libro. Esta es una lectura obligatoria para todo aquel que quiera andar junto al Señor y ver cambios duraderos en su vida. Yo lo recomiendo con vehemencia».

GREG LAURIE
Pastor principal de Harvest Christian Fellowship

«En *Cautivados por la gracia*, David Jeremiah ofrece una perspectiva fresca de un tema familiar y ha lanzado una cuerda salvavidas a esos que no pueden perdonarse, abrumados por una carga de culpa porque no sienten que "merecen" el perdón de Dios. Como el brillo de una joya de gran precio que luce aun más gloriosa al desplegarse sobre terciopelo negro, el Dr. Jeremiah describe la gracia de Dios vívidamente revelada sobre el trasfondo de una vida ennegrecida por el pecado. Usando las historias del apóstol Pablo y de John Newton como el "terciopelo negro", devela la joya eterna de la gracia de Dios. Lea este libro y sea cautivado… por Él».

ANNE GRAHAM LOTZ
Evangelista, maestra bíblica, fundadora de Ministerios AnGeL y autora

«No es algo "nuevo" lo que necesitamos; son recordatorios frescos de verdades eternas. *Cautivados por la gracia* es agua pura para las almas sedientas. Permita que David Jeremiah abra la fuente de la abundante gracia de Dios hasta que su alma esté rebosando».

JAMES MACDONALD
Pastor de Harvest Bible Fellowship y locutor del
programa de radio *Walk in the World*

«Una lectura motivadora y vívida, en extremo honesta, de cómo la gracia nos transforma de víctimas en vencedores. *Cautivados por la gracia* podría ser la experiencia fresca del amor de Dios que usted ha estado esperando».

JOHN C. MAXWELL
Autor, orador y fundador de INJOY Stewardship Services y de EQUIP

«David Jeremiah nos recuerda que Dios está a la ofensiva. No espera que nosotros lleguemos a Él. Nos persigue hasta que al final somos cautivados por su gracia. Si usted está buscando un Dios débil y pasivo, no lo va a hallar en este libro».

CHRIS MORTENSEN
Analista y reportero de ESPN

«*Cautivados por la gracia* deja bien claro que cuando aceptamos y luego sentimos el perdón amoroso de Dios en nuestra vida, eso produce armonía en nuestras relaciones y repara las heridas de nuestro pasado. Sin importar cuál sea nuestra jornada individual, todos necesitamos este libro y la verdadera esperanza que ofrece».

GARY SMALLEY
Fundador y presidente del Smalley Relationship Center

«La canción que he estado interpretando durante años, y que los norteamericanos hemos llegado a amar, adquiere un significado más profundo con este libro. Nunca más usted escuchará "Sublime gracia" de la misma forma».

JOHN TEST
Artista y personalidad de la televisión

«He leído todos los libros que ha escrito David Jeremiah y les aseguro que este es el más motivador».

PAT WILLIAMS
Autor y Vicepresidente primero de Orlando Magic

CAUTIVADOS *por la*
GRACIA

CAUTIVADOS por la
GRACIA

Nadie está demasiado lejos para
nuestro amoroso Dios

DR. DAVID JEREMIAH

GRUPO NELSON
Desde 1798

© 2023 por Grupo Nelson
Publicado en Nashville, Tennessee, Estados Unidos de América.
Grupo Nelson es una marca registrada de Thomas Nelson.
www.gruponelson.com

Este título también está disponible en formato electrónico.

Publicado originalmente en español por © 2008 Editorial Unilit, Miami, Florida

Título en inglés: *Captured by Grace*
© 2006 por David Jeremiah
Publicado por Thomas Nelson
Thomas Nelson es una marca registrada de
HarperCollins Christian Publishing, Inc.

A menos que se indique lo contrario, todas las citas bíblicas han sido tomadas de la Santa Biblia, Versión Reina-Valera 1960 © 1960 por Sociedades Bíblicas en América Latina, © renovada 1988 por Sociedades Bíblicas Unidas. Usada con permiso. Reina-Valera 1960® es una marca registrada de la American Bible Society y puede ser usada solamente bajo licencia.

Las citas bíblicas marcadas «NVI» son de la Santa Biblia, Nueva Versión Internacional® NVI®. Copyright © 1999, 2015 por Biblica, Inc.® Usada con permiso de Biblica, Inc.® Reservados todos los derechos en todo el mundo.

Las citas bíblicas marcadas «LBLA» son de La Biblia de las Américas®, © 1986, 1995, 1997 por The Lockman Foundation. Usada con permiso.

Las citas bíblicas marcadas «DHH» son de la Biblia Dios Habla Hoy®, Tercera edición © Sociedades Bíblicas Unidas, 1966, 1970, 1979, 1983, 1996. Usada con permiso.

Traducción: *Rojas and Rojas Editors, Inc.*
Adaptación del diseño al español: *Deditorial*
Fotografía de la portada: ShutterStock: digitalife. Pichugin Dmitry, TTphoto

ISBN: 978-0-84991-930-5
eBook: 978-0-84991-931-2
Audio: 978-0-84991-932-9

Número de control de la Biblioteca del Congreso: 2022935854

Impreso en Estados Unidos de América
HB 03.03.2023

A las personas de Shadow Mountain,
que por veinticinco años han hecho de
nuestra iglesia un lugar de gracia.

CONTENIDO

TERCERA PARTE: GRACIA PARA EL FUTURO

RECONOCIMIENTOS

Cautivados por la gracia es algo más que el título de este libro. Es la frase que mejor describe lo que nos sucedió a todos los que trabajamos en este proyecto.

La posibilidad de entrelazar el mensaje de la gracia con los relatos de la vida de John Newton y el apóstol Pablo afloró en una reunión de publicación con Joey Paul y Byron Williamson de Integrity Publishers. Gracias, Joey y Byron, por la fe que tuvieron en este proyecto. El compañerismo del que disfrutamos al publicar es una bendición principal de mi vida.

Sealy Yates ha sido mi agente literario por más de veinte años. Sealy, tú eres el mejor en lo que haces, ¡y siempre estás levantando el nivel para todos los que trabajamos contigo! Gracias por tu dedicación apasionada a la campaña de *Cautivados por la gracia*.

Cathy Lord asumió la responsabilidad de investigar la vida de John Newton, y pienso que ella debe haber leído todo libro respecto a él que se haya publicado. Casi no pasaba ni una semana en que ella no pusiera sobre mi escritorio algo nuevo que había descubierto en cuanto a este hombre destacado. De una manera que solo los escritores podrían entender, John Newton se ha convertido en su amigo personal. Gracias, Cathy, por las muchas horas que has invertido en este libro.

La persona más creativa que he conocido tiene una oficina apenas a unos pasos de la mía. ¡Las palabras se quedan cortas para describir a Paul Joiner! Paul, ¡sería difícil señalar alguna parte de este proyecto que tú no hayas tocado! ¡Tú lo ves todo en color! ¡Me pregunto si tu mente alguna vez duerme! Me siento honrado de contar con tu amistad y muy bendecido por tu aporte imaginativo a todo lo que hacemos.

Rob Suggs ha añadido una vez más su talento considerable a este proyecto. Rob, tu excelencia para escribir y editar no tiene nada que envidiarle a la de nadie. Gracias por hacer de mis escritos una alta prioridad en tu atareada vida.

Kevin Small se ha convertido en una parte integral de nuestro equipo de publicación. Su comprensión del mercadeo y la distribución ha cambiado en forma dramática la manera en que pensamos en cuanto a escribir y publicar. Kevin, tú alargas mi mente y mi fe, y es grato pasar tiempo contigo.

Debido a que pastoreo una iglesia grande y dirijo un ministerio internacional de medios de comunicación, escribir nunca puede ser la primera prioridad en mi vida. Escribo en las horas entre el día y la noche. Puedo hacerlo debido a personas de excelencia que Dios ha puesto a mi alrededor. Como mi asistente ejecutiva en Turning Point Ministries, Diane Sutherland administra todos mis viajes y mi agenda diaria. Diane, tu dedicación a los detalles y tu personalidad atractiva y llena de gracia hace posible que me retire de mi atareado mundo para estudiar y escribir.

Barbara Boucher administra mi oficina en Shadow Mountain e interactúa a diario con las muchas peticiones que llegan a mi escritorio. Barbara, ¡tu corazón por el ministerio es tan evidente! Gracias por tu ministerio consistente y compasivo.

Mi hijo mayor, David Michael Jeremiah, es un participante principal en casi todo lo que hago. Lo quiero muchísimo como hijo, pero también lo respeto en alto grado como líder. Él administra las prioridades de un ministerio mundial de medios de comunicación con una destreza superior a sus años.

Con excepción de mi salvación personal, mi esposa Donna es la mayor bendición en mi vida. Sin su estímulo nunca hubiera empezado a escribir. En esas raras ocasiones en que he dicho que nunca voy a volver a escribir otro libro, ella se ha quedado mirándome y sonriendo. Me conoce mejor que yo mismo, ¡y de todas maneras me ama!

Por último, quiero expresar mi amor y adoración al Dios Todopoderoso que me dio a su Hijo, me llenó de su amor y me cautivó con su gracia.

David Jeremiah
San Diego, enero de 2006

Los cazadores
y el cazado

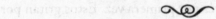

El encapuchado desmonta en silencio de su cabalgadura, con la esperanza de que su llegada haya pasado desapercibida.

Calma a su yegua mientras la ata a un poste, tal vez como a unos treinta metros de su objetivo. La luz de la luna danza en la empuñadura de su espada mientras se acerca al edificio y se vuelve a sus compañeros.

Hay cinco en total, armados y preparados para cualquier resistencia. Los hombres se agrupan bien detrás de una vieja pared para repasar la situación y su plan. El objetivo es una vieja alfarería, rara vez usada en la actualidad. Los herejes obviamente piensan que pueden realizar sus ritos ilícitos de adoración aquí con impunidad. Están a punto de enterarse de lo contrario.

—Esperen mi señal —susurra el líder—. Yo golpearé con fuerza la puerta una vez; y cuando ustedes oigan mi puñetazo, griten a todo pulmón. Si producimos sorpresa y temor, estos idiotas serán más fáciles de vencer. Saquen sus espadas y garrotes, y no vacilen en golpear a cualquiera que presente pelea. Pero la mayoría de ellos con toda probabilidad son mujeres y niños, y viejos necios que solo gemirán cuando los llevemos en cadenas.

Los cinco se acercan con sigilo a la puerta y las ventanas del viejo galpón. Él pone su oído contra la puerta y oye las suaves cadencias de oración. Deben estar de rodillas con los ojos cerrados; el momento más perfecto imaginable. Lanza su puño contra la madera, casi rompiéndola, y cinco voces roncas empiezan a rugir, y a amenazar, y a aterrorizar.

Cuando los soldados se abalanzan por la puerta, ven al pequeño grupo de adoradores por primera vez. Estos gritan por la sorpresa y el temor, por supuesto. Un niño pequeño empieza a chillar. Varias mujeres empiezan a llorar y se agazapan, asumiendo que les espera lo peor. Cinco jóvenes se ponen de pie en forma defensiva. Sin embargo, los necios no han traído armas. Ellos debían haber sabido que esto les iba a suceder. Las mujeres contienen a sus hombres, que muy rápido se dan cuenta de la inutilidad de defenderse.

El caos muy rápido se disuelve ahora en el silencio, aparte de los gimoteos del niño inconsolable. Los soldados traen cadenas y empieza el ruido de los grillos. Una de las mujeres más ancianas llora en silencio. Otra hace algo muy extraño: le sonríe al líder.

—Comprendo lo que estás haciendo —dice—. Estás sirviendo a Dios de la mejor forma que sabes. Si supieras…

—¡Cállate! —grita el líder, apenas logrando contener su puño—. No me salgas con tu fe de imbéciles. Yo he aprendido la Ley de Dios, y no hay nada que puedas enseñarme. Guárdalo para las ratas que hallarás en tu celda.

La mujer baja la vista, pero no hay ira en su semblante. Solo un tipo de tristeza resignada.

El líder se queda detrás mientras llevan a los cristianos afuera, desde donde los llevarán ante el Concilio. Examina una rústica cruz de madera en el frente del cuarto. ¿Qué clase de secta desquiciada seleccionaría tal artículo de adoración? La herencia de la fe es pureza, santidad; ¿qué podría ser más impuro y contaminado que un instrumento romano de tortura para la hez de la sociedad?

Su fundador, el nazareno, merecía la cruz en forma total. Pero el fariseo se pregunta por qué estos excéntricos se arriesgan al arresto y azotes que ahora recibirán, por causa de un extraño rabino que había estado muerto ya por algún tiempo (a pesar de las disparatadas afirmaciones que hicieran en cuanto a su tumba).

Entonces el fariseo se detiene y escucha con mucha atención a la quieta noche. ¿Qué es ese ruido de correteo afuera? ¿Pisadas? Los otros ya se habían ido hacía varios minutos, y no había nadie más por allí. Él lo ha examinado con todo cuidado.

Saulo siente que un escalofrío empieza a correrle por la espalda. Esto le ha sucedido antes; más de una vez. Él arresta a los cristianos; él hace su trabajo. Recuerda la calma extraña de ellos, su... ¿cuál era la palabra? Alguna clase de misericordia irracional. Y siempre, mientras Saulo reflexiona sobre lo extraño de todo eso, oye los pasos.

En esos momentos experimenta una extraña sensación interior de que *es él* el que está siendo perseguido, y que alguien o algo distinto es el que está persiguiéndolo. Es irracional, por supuesto. ¿Qué sentido podría tener eso? Él es el campeón de Dios, defensor de la fe. Todo lo que puede hacer es mantenerse firme, seguir haciendo su trabajo, desarraigar a estos infieles, capturarlos uno por uno. Capturar su fe, capturar su... sí, esa es la palabra... *su gracia*.

❧

El capitán camina a lo largo del muelle de Charles Towne, en la costa de Carolina, contempla el mar y escucha los chillidos de las gaviotas, mientras se limpia el sudor de la frente. Qué tierras húmedas, estas colonias; un reino de lodo y mosquitos. Ya está sintiéndose inquieto, impaciente; si pudiera atarearse reuniendo a la tripulación y cargando la nave para el viaje a casa.

Pero todavía tiene asuntos que atender. Ese es el propósito principal de todo viaje, después de todo. A razón de 160, tal vez 170 dólares por cabeza, la suma final será atractiva, siempre y cuando la gran mayoría de los cautivos lleguen vivos a la playa. En el último viaje, casi la mitad de los africanos murieron. Casi no hubo ganancia.

Sin embargo, el capitán no es insensible a tales cosas. Él prefiere no estar presente cuando se abre la bodega de carga y se saca la cuenta. Este es el costo desagradable de hacer negocio; hay que apretar bien la carga. Hay que encadenarla y disciplinarla. Algunos de los nativos morirán de varias enfermedades, por los azotes, o por el calor. Algunos incluso rehusarán comer el pan. Es una situación desagradable, pero Inglaterra debe tener su comercio. Las colonias deben tener sus trabajadores para las cosechas de arroz e índigo.

Ayer el capitán presenció un remate en el mercado de esclavos. No pudo evitar sentirse perturbado por los gritos de desesperación mientras separaban a los niños de sus madres. Después de unos pocos minutos de esto, halló que tenía que irse, dar una caminata por las calles más calladas. Que otros lleven las cuentas y hagan el regateo.

Mientras ahora camina junto al mar, las oye de nuevo: pisadas detrás de él. El capitán gira muy rápido para no hallar a ningún intruso sino el viento del océano. Una vez más se asegura a sí mismo de que su imaginación está demasiado activa. Debe echarle la culpa a su intranquilidad. No ha estado durmiendo bien; ha estado teniendo sueños extraños y desagradables.

Sin embargo, el capitán Newton lo ha sentido cada vez más en estos viajes de negocios: una sensación de que lo están siguiendo, de que lo están vigilando. Incluso al perseguir la fortuna del tráfico de esclavos, no ha podido escapar del sentimiento de que es *él* el que está siendo perseguido. Unos pasos firmes siempre fuera del alcance de su vista, una voz que susurra justo más allá de su oído...

«Algo implacable», se dice John Newton a sí mismo. «Algo está persiguiéndonos a todos».

PRIMERA PARTE

GRACIA
para el
PASADO

CAPÍTULO UNO

La presencia cautivadora de la gracia

Sublime gracia del Señor

❧

Es otoño en Nueva York. Noviembre de 2004. Lluvia congelada, conductores cansados.

Un auto lleno de delincuentes que disfrutan de las fechorías.

Su vandalismo había empezado en un cine local. Aburridos de las películas de acción, los adolescentes decidieron hacer de las suyas. Forzaron la cerradura de un auto, agarraron una tarjeta de crédito y se dirigieron a un almacén de vídeos. Allí gastaron cuatrocientos dólares en discos compactos y juegos de vídeo.

¿Por qué no llevarse unos pocos víveres ya que estaban en eso? Una cámara de vigilancia filma a los muchachos seleccionando un pavo de diez kilos.

Recuerde el pavo.

Pisando el pedal hasta el fondo en un Nissan plateado, los chicos avanzan en línea irregular cruzándose con un Hyundai en el que iba una tal Victoria Ruvolo. Los dos autos se cruzan como a las 12:30 a.m. Victoria Ruvolo, de cuarenta y cuatro años, se dirige a su casa en Long Island. Después de asistir al recital vocal de su sobrina de catorce años, anhela llegar a su casa y a su chimenea; en particular a su chimenea. Está lista para quitarse el abrigo y las bufandas, envolverse en la frazada eléctrica, y reposar su cansada humanidad.

Quizá Victoria logra ver el Nissan plateado que se acerca desde el este, tal vez no. Luego ella no estaría segura. Por cierto no recuerda la imagen de un adolescente que colgaba fuera de la ventana del Nissan mientras el vehículo se aproximaba. Tampoco conserva ningún recuerdo del gigantesco proyectil que el mozalbete lanza con sus manos.

Allí es donde entra en juego el pavo.

El ave congelada de diez kilos se estrella contra el parabrisas de Victoria. Tuerce el volante hacia el interior, se estrella contra la cara de la mujer y rompe todo hueso que encuentra.

Victoria no recordará nada de esto; en realidad, un golpe de misericordia. No obstante ocho horas de cirugía y tres semanas de recuperación posterior más tarde, amigos y familia llenan los espacios vacíos. Victoria yace inmóvil en una cama en el Hospital Universitario Stony Brook y escucha los detalles. Sin embargo, es difícil discernir sus emociones, dada la máscara en que se ha convertido su cara: destrozada como alfarería, ahora sujeta con grapas y placas de titanio, un ojo sostenido por película sintética; una mandíbula llena de alambres, una traqueotomía.

La reacción pública es mucho más vigorosa. Los medios noticiosos han publicado la crónica; los sitios en Internet siguen todo nuevo detalle del arresto y la acusación. En el Día de Acción de Gracias los neoyorquinos elevan oraciones de gratitud de que no fueron Victoria Ruvolo. En Navidad se alegran por su salud y su fortuna un poco más de lo acostumbrado. Al llegar el Año Nuevo, claman justicia.

Los que tienen sitios en la Internet y los expertos de la televisión sugieren lo que harían si pudieran estar en un cuarto por cinco minutos con esos delincuentes del Nissan. Les encantaría en especial poner sus manos sobre Ryan Cushing, el granuja de dieciocho años que lanzó el pavo. *Su* cara quedaría destrozada. *Su* vida debería quedar en ruinas. Así es como lo ve el hombre de la calle.

Pero todo está en manos del sistema de justicia. El lunes 15 de agosto de 2005, Ryan y Victoria, con su cara reparada, se encuentran en la corte. Nueve meses agonizantes, sostenidos con titanio, han pasado desde el ataque. Victoria se las arregla para entrar caminando a la corte, sin ayuda, lo que ya es una victoria en sí.

Ryan Cushing, temblando, se declara culpable… de una acusación menor. Sentencia: una bagatela de seis meses tras las rejas, cinco años de libertad condicional, algo de consejería, y unos momentos de servicio público. La gente sacude su cabeza en justa indignación. ¿Es todo eso el castigo que pueden aplicarle? ¿Desde cuándo la nación se ha ablandado en cuanto al crimen? Encerremos a todos esos criminales y deshagámonos de la llave.

¿Quien es responsable por este arreglo, después de todo? La víctima. Es ella. La víctima solicita indulgencia.

Ryan se confiesa culpable y luego se vuelve a Victoria Ruvolo, despojado ya por mucho tiempo de la esencia de bravucón. Llora sin poder contenerse. El abogado conduce al asaltante a la víctima, ella lo abraza, lo consuela, le acaricia el pelo, y le dice palabras reconfortantes: «Te perdono», susurra ella. «Quiero lo mejor para tu vida». Se mezclan las lágrimas de la máscara de reconstrucción con las de la máscara de remordimiento.

Se requiere todo un acontecimiento para arrancar lágrimas de los ojos de abogados y magistrados de Nueva York. Este es uno de ellos. Los reporteros de radio y televisión llenan sus noticias en voces que son a la vez conmovedoras y respetuosas. El *New York Times* lo llama «un momento de gracia».[1]

¿Qué hacemos nosotros con una historia así? Es hermosa, conmovedora, inspiradora; por supuesto, todas esas cosas. También es *indignante*. ¿Por qué? Socava todo impulso de la naturaleza humana, ¿verdad? Seamos muy francos. ¿Habría *usted* respondido como Victoria Ruvolo? Con certeza usted y yo nos hemos entregado a un frenesí de autojustificación por asuntos mucho menos dramáticos. Algunos de nosotros, algunos de los *mejores* de nosotros, todo lo que necesitamos es un buen incidente en la carretera para hacer una mueca, un bocinazo prolongado, un torrente de gritos insultantes.

A propósito, ¿recuerda aquel compañero de trabajo que le hizo aquella jugarreta que lo sacó de quicio? Usted sabe a qué me refiero; esa pequeña escaramuza de lucha por el poder. ¿Por cuánto tiempo ardió por eso? O aquella mujer de la iglesia que dijo aquello. ¿Recuerda lo que ella dijo y cómo usted se encrespó? ¿La mirada que usted le lanzó, y todo el tiempo que pasó imaginándose lo que le gustaría decir y hacer?

En cuanto a las cortes, hemos visto desarrollarse el guión opuesto. Hemos oído a familias afligidas gritándoles a los bravucones mientras ellos se paran para oír el veredicto. Y hemos estado de acuerdo con esas familias, ¿verdad? Es parte de nuestra constitución. ¿No se supone que debemos respaldar la justicia y denigrar el mal? ¿No es natural afirmar el proceso de castigar el crimen?

Nacemos así. El más pequeño niño de dos años se desquita cuando otro niño le quita un juguete. No reclama su juguete con calma y sin pasión. Reacciona con *cólera*. Se apodera del juguete y grita sus recriminaciones contra el ladrón. Es parte de la persona humana. Trabajo, iglesia, patio de recreo; somos solo humanos. Nos enojamos y nos desquitamos.

¿Por qué, entonces, nos quita el aliento observar una conducta que trastorna estas expectativas?

La gracia aturde; es algo así como el opuesto a lo celestial de un accidente de tráfico. Cuando se paga el mal con amor, no podemos evitar detenernos para fisgonear. La gracia es entregar una joya que nadie ordenó, una irrupción de luz en un cuarto donde todos se olvidan que está oscuro.

La gracia pone de cabeza la política humana, justo ante nuestros ojos. Renuncia a toda la sabiduría convencional de conducta social. La gracia sugiere que los seres humanos tal vez sean algo más que graduados con honores del reino animal después de todo, y que tal vez sean ciertos los rumores de que la pureza y la bondad están vivas y son reales.

Relatos como el de Victoria Ruvolo nos dejan sin habla por un momento. Hallamos una sonrisa, y tal vez hasta derramamos una lágrima. Es como abrigar el alma frente a una chimenea en una noche helada. Luego hay que regresar de lleno a la lucha del momento. Ahora volvemos a nuestra programación normal.

Por lo menos la mayoría lo hacemos así. Sin embargo, hay unos pocos raros que hallan que no pueden volver a lo mismo. El descubrimiento de la gracia para ellos es como encontrar un agujero de la cerradura en las puertas del cielo. No pueden evitar atisbar por ese agujero. La luz intoxica su ser. Se preguntan por qué, si esto llamado gracia es tan imponente, y es la opción modelo en todo momento, por qué es tan rara y aislada. Y con urgencia, rogando, los visionarios de la gracia empiezan a llamar a otros al orificio.

Uno de esos fue el apóstol Pablo. En un tiempo fue uno de los perseguidores; los que recriminan. Esta gente, estos cristianos, se habían robado su juguete, y él iba a recuperarlo con venganza. Ellos habían puesto sus manos sobre la fe de sus padres y la habían contaminado. Él se lo cobraría con intereses, galopando a las regiones distantes solo para atormentarlos. Allí fue donde la gracia, o algún Agente de esta, lo derribó de su montura, echó abajo sus presuposiciones más preciosas, le quitó la vista hasta que estuvo listo para echar un vistazo serio a lo que había rehusado contemplar. Y una vez que volvió su visión, ese asunto era lo único que deseaba ver.

Pablo cambió su nombre y su persona. Escribió carta tras carta a amigos, a iglesias, a gente que nunca había conocido; algunos que no nacerían hasta siglos después. Habló de muchas cosas en estas cartas, pero siempre volvía al mismo tema: ese momento de gracia cegadora en el camino a Damasco, cuando la vista vino envuelta en ceguera.

Nuestro Nuevo Testamento contiene 155 referencias a la gracia, y 130 de ellas vienen de la pluma de Pablo. La palabra abre, concluye y domina toda carta que él escribió. Define su enseñanza y sus más preciadas esperanzas. La gracia es el ideal imponente por el cual él mediría su vida y la de usted. El flagelo de los mártires se había convertido en el apóstol de la gracia.

Ese es el asombroso poder de una idea sencilla: el mismo poder que transformó a un implacable traficante de esclavos en el eterno trovador de la liberación. John Newton tenía la misma obsesión que Pablo. En sus años ancianos se sentaba junto a la

chimenea de lo que había sido su estudio en el vicariato en Olney.
Su alma atormentada estaba ahora en paz. De igual manera, nunca
quiso olvidar al otro John Newton, el que en un tiempo traficaba
con carga humana. Como Pablo, su vista terrenal estaba fallándole
en los años ancianos, pero él podía leer las letras grandes que había
pintado en la pared sobre su chimenea:

> *Porque a mis ojos fuiste de gran estima,*
> *fuiste honorable (Isaías 43:4).*
> PERO
> *Te acordarás de que fuiste siervo en la tierra de Egipto, y*
> *que Jehová tu Dios te rescató (Deuteronomio 15:15).*

LA MELODÍA

Para John Newton, como pastor, era un gozo extraordinario mez-
clar sermones e himnos. La Palabra de Dios y la música eran preciosas por igual para él, y se dedicó a ambas. En el Año Nuevo
de 1773 dirigió su atención a 1 Crónicas 17:16-17: «Y entró el rey
David y estuvo delante de Jehová, y dijo: Jehová Dios, ¿quién soy
yo, y cuál es mi casa, para que me hayas traído hasta este lugar? Y
aun esto, oh Dios, te ha parecido poco, pues que has hablado de la
casa de tu siervo para tiempo más lejano, y me has mirado como a
un hombre excelente, oh Jehová Dios».

Los versículos parecían saltar de la página a los ojos de
Newton: *¿quién soy yo?* ¿Por qué debía el rey David, asesino y adúl-
tero, recibir la imponente gracia de Dios? ¿Por qué debía recibirla
John Newton, traficante de esclavos? Tal gracia se podría describir
solo como sublime.

Sin embargo, el himno que emergió de la pluma de Newton
sorprendería al oído moderno. Por un lado, la melodía no era

la que nos ha llegado hasta el día de hoy. Pasaría más de medio siglo antes de que un hombre llamado William Walker hallara la tonada precisa; una melodía conocida en inglés como «Nueva Bretaña». En el tiempo de Newton, algo así como unas veinte melodías diferentes se usaban en forma intercambiable. Incluso el título inmortal todavía tenía que afirmarse. ¿El título original del himno? «Revisión y expectativa de la fe»; no lo suficiente atractivo como para las tablas de popularidad, entonces y ahora.

Hay más estrofas de las que a menudo se reconocen. Muchos dicen que saben de memoria todas las estrofas de «Sublime gracia» pero ¿pueden repetir los versos que siguen? Estos seguían en el original a lo que ahora se conoce como tercera estrofa:

El Señor me ha prometido bien,
Su palabra mi esperanza asegura;
Él será mi escudo y mi porción,
Mientras dure mi vida.

Sí, cuando esta carne y corazón fallen,
Y cese la vida mortal,
Poseeré, dentro del velo,
Una vida de gozo y paz.

La tierra pronto se disolverá como nieve,
El sol dejará de brillar;
Pero Dios, que me llamó aquí abajo,
Será mío para siempre.

Sin embargo, falta una estrofa, ¿verdad? La que tal vez sea su favorita. ¿Qué de «Cuando hayamos estado allí mil años»? La estrofa final que usted y yo sabemos y nos gusta apareció primero en 1909. Edwin Othelo Excell, prolífico compositor, insertó la pieza final del rompecabezas, completando la versión estándar en inglés. Excell reemplazó las estrofas cuatro, cinco y seis con cuatro versos que John Newton nunca escribió. ¿Cómo sucedió eso?

En 1852 el sentimiento contra la esclavitud había llegado a hervir en los Estados Unidos de América. Newton lo habría aprobado de corazón. La novela *La cabaña del tío Tom* de Harriet Beecher Stowe apareció ese año, incluyendo una versión de «Sublime gracia» que añadía esta estrofa:

Después de mil años de estar allí
En luz como la del sol,
Podremos cantar por tiempo sin fin,
Las glorias del Señor.

Excell admiró esta versión resumida con su visión fija en la gloria eterna. Insertó estas nuevas líneas en las existentes, y desde entonces así es como se ha cantado en inglés.

Los ingleses solían entonar el himno en ocasiones. Al otro lado del mar, en Carolina del Sur, se publicó el himno con una melodía. De ese himnario, *The Southern Harmony* [La armonía sureña], se vendieron cien mil ejemplares en 1850; dos años antes de que Excell añadiera sus «mil años».

Los años llegaron y pasaron, y también nuevos himnarios y modas musicales. «Sublime gracia» fue uno entre muchos himnos bonitos hasta nada menos que la edad del rock ácido.

En 1970, cuando las guitarras eléctricas y la letra colérica dominaban las tablas de popularidad, la cantante folclórica Judy Collins publicó un canto audaz: una interpretación a capela del viejo himno «Sublime gracia». Sin los tambores, sin el ritmo de trasfondo, el resultado fue una revelación para los oídos jóvenes. A principios de 1971, la canción fue un gran éxito en Inglaterra y Estados Unidos de América. Por fin, tres minutos grabados que los ancianos y sus *nietos hippies* podían escuchar juntos.

Entonces en el 2004, Bill Moyers publicó todo un documental sobre el canto para la televisión pública. Él rindió tributo al misterioso poder de un sencillo himno que había viajado tanto con tantas aventuras. Judy Collins, duplicando su éxito, habló de cómo la canción la había sostenido durante su lucha con el alcoholismo. La cantante de ópera Jessye Norman produjo una versión de concierto. El cantante Johnny Cash la usó para vincularse con delincuentes encarcelados. La canción lanzó su hechizo en muchos mundos, ya sea cantada por el Boys Choir de Harlem, coros de las montañas de los Apalaches, o entre los feligreses japoneses.

El himno se oye en ceremonias olímpicas y tomas de posesión presidenciales. Se considera esencial en tiempos de desastres; una crisis tal como la del 11 de septiembre de 2001, o cualquier momento sombrío. Se ha convertido en el himno nacional de facto para eventos de magnitud.

Los compradores en Amazon.com pueden escoger entre 3832 grabaciones distintas del viejo himno de John Newton. Viene en todo estilo, cruza toda línea, y alcanza a todo oído. Cuando se lo anuncia en un culto en la iglesia, la gente se para un poquito más firme. Elevan un poco más su voz. Algunos piensan que, apenas por un momento, están echando un vistazo a través de las puertas del cielo.

EL HOMBRE

San Agustín envolvió un poderoso pensamiento en una vívida imagen cuando dijo: «Dios siempre derrama su gracia en manos vacías». Las manos de John Newton no podían haber estado más vacías.

Su padre era capitán de un barco mercante y siempre estaba en el mar. Su madre lo crió lo mejor que pudo, enseñándole las Escrituras y el canto sagrado. Madre e hijo asistían a una capilla cerca de la Torre de Londres. En una nación en la que el noventa y nueve por ciento de las personas estaban afiliadas a la Iglesia de Inglaterra, Elizabeth Newton insistió en una congregación independiente.[2]

Poco antes de cumplir los siete años John Newton perdió a su madre. No le llevó mucho tiempo al viejo capitán volver a casarse y enviar a su hijo a un internado. Su niñez fue como la de una novela de Dickens. A los niños no deseados se los abandonaba en tales escuelas, donde a menudo abusaban de ellos. John dejó la escuela y volvió a casa. Newton padre se encogió de hombros, enroló a su joven hijo en un barco, y empezó a llevarlo consigo en los viajes.

Cuando tenía diecisiete años, el mundo de John Newton era el mar abierto. El mundo del Espíritu, que con tanto cariño le había enseñado su madre, se había esfumado en su horizonte. Por siete años se inclinó a la rebelión. Como algunos hoy, mezcló y combinó ideas convenientes para producir su propia religión, haciendo «un naufragio de la fe, la esperanza y la conciencia». En sus propias palabras, «su deleite y práctica habitual era la perversidad». Y «ni temía a Dios ni respetaba a los hombres». En breve, era «esclavo haciendo maldad y deleitándose en el pecado».[3]

Después de un breve período en la armada en tiempo de guerra, John Newton decidió que la regimentada vida militar no era para él. Fue a buscar a su padre pensando que este podría conseguir que le dieran de baja. Demostró ser un paso inútil, puesto que pronto capturaron al desertor. Lo castigaron en público, lo despojaron de su rango de grumete, y lo encadenaron. Por último, se las arregló para embarcarse en un carguero con destino a África. Allí, en la sombra del continente negro, John Newton buscó perderse donde no pudieran hallarlo. Podía abandonarse a una vida de disolución.

Newton se involucró con un portugués traficante de esclavos en la isla Banana, frente a la costa occidental de Sierra Leona. La esposa africana del hombre era hostil a los nuevos amigos de su esposo y lo obligaba a comer sobras de su plato como un perro. Su vida y fortunas había llegado a lo más bajo. Tal vez él recordó una historia que su madre alguna vez le había leído; algo sobre otro hijo rebelde lejos de casa, comiendo entre cerdos.

Por último, llevaron a John Newton en un barco de esclavos, en donde lo alojaron con el capitán. Entonces, en marzo de 1748, en algún punto en el Atlántico Norte, llegó la gracia. La mano de Dios rescató a un alma naufragada. Si pudo sucederle a Pablo en el camino a Damasco, pudo ocurrirle a Newton en el viaje a Bretaña. En el capítulo seis diremos más de la historia de su conversión.

Dos años más tarde, Newton se casó. Pero cuando parecía que la tormenta había pasado, empezó a sufrir ataques y convulsiones que impedían una vida en el mar. Así que se quedó en casa y trabajó como analista de mareas en los muelles de Liverpool. Con abundancia de tiempo en sus manos, empezó a llenar las grandes grietas de su niñez que habían provisto poca educación formal. Estudió griego, hebreo y siríaco. Leyó obras teológicas clásicas en latín, inglés y francés. Se sintió cada vez más atraído al viejo libro que le traía recuerdos de su madre: las Escrituras cristianas.

Entonces la gente quiso un pastor. En 1754 aceptó el llamado a Olney, en donde serviría por dieciséis años. En la siguiente iglesia, esta vez en Londres, sirvió a Dios y a los hombres por veintiocho años. Envejecido pero contento, a los setenta y dos años se maravillaba de que «un miserable como yo no solo pueda ser liberado y perdonado, sino que además se le haya dado el honor de predicar el evangelio, contra el cual había blasfemado y al que renunció».[4] Predicó el evangelio hasta la venerable edad de ochenta y un años.

La melodía, sin embargo, continúa.

EL MENSAJE

Hombre y melodía hicieron su propio viaje. El himno de Newton, por supuesto, con facilidad vivió más que él. La gente se pregunta por el poder de «Sublime gracia». ¿Qué tiene de admirable? Como muchas cosas, desafía la disección que pudiéramos hacer de una rana en una clase de ciencia. No podemos descubrir el secreto, porque las notas son las mismas que las de cualquier piano. Las palabras son trascendentes, pero no más que las estrofas de cualquier otro montón de himnos: «Santo, Santo, Santo», por ejemplo. A ninguna firma de relaciones públicas se le puede atribuir su influencia. Ningún papa o prelado lo ha santificado; pero allí está, una pieza atesorada de nuestras vidas.

Algunos han intentado embotellar su inspiración, filtrar su doctrina, y reducirlo a un himno de bienestar genérico. «Sublime gracia», para algunos, es nada más que «un sentido mayor de conciencia», o «el poder del potencial humano», «un momento de conciencia intenso», o «experimentar la interconexión de todas las cosas». Es «estar consciente de la unidad de la que todos somos parte», o de «las fuerzas invisibles que nos rodean por todas partes». Es «abandonar el ego», «conseguir claridad mental», o «hallar iluminación espiritual».

Para M. Scott Peck está «oculta en el noventa y cinco por ciento de nuestra conciencia de la que no somos conscientes».[5] Para Judy Collins es «dejarse llevar, tocar fondo, ver la luz, darle la vuelta, confiar en el universo, respirar, exhalar, seguir la corriente».[6] Para la cantante Joan Báez, «es un estado en el que me gustaría estar por más de treinta segundos al día»[7]. Para Peter Seeger, «gracia quiere decir armonía, [...] la ley de la gravedad por todo el universo un tipo de armonía, [...] o la manera en que funcionan las matemáticas».[8]

Todo lo que podemos hacer es imaginarnos lo que John Newton haría de todo esto, tal vez expresar aturdimiento por todos estos galimatías metafísicos nebulosos. Él señalaría que estas estrofas no hacen más ni menos que contar la antigua historia, aquella que nunca envejece. Hablan del Padre amante y del hijo perdido. Hablan del increíble gozo de la salvación de las garras del pecado, y de lo asombroso de la gracia.

Tal vez no sea la canción después de todo; tal vez nunca ha sido la canción, sino la idea, y el hecho de que este himno en forma sencilla es el que mejor capta el relámpago.

El relámpago es la gracia. Como Martyn Lloyd-Jones ha escrito:

«No hay palabra más maravillosa que "gracia". Quiere decir favor o bondad inmerecida mostrada al que es por entero indigno de ella. [...] No es solo una dádiva gratis, sino una dádiva gratis a los que merecen todo lo contrario, y se nos da mientras estamos "sin esperanza y sin Dios en el mundo"».[9]

Alguien ha escrito que *gracia* es una palabra que a menudo se deletrea J-E-S-Ú-S. Porque, si el himno de Newton fue la melodía que incorporó la idea, Jesús fue el hombre. Él es la imagen humana perfecta de una vez por todas de la gracia, del amor, de la verdad. «En el principio era el Verbo, y el Verbo era con Dios, y el Verbo era Dios. [...] Y aquel Verbo fue hecho carne y habitó entre nosotros (y vimos su gloria, gloria como del unigénito del Padre), lleno de gracia y de verdad. [...] Pues la ley por medio de Moisés fue dada, pero la gracia y la verdad vinieron por medio de Jesucristo» (Juan 1:1, 14, 17).

En el idioma griego del día de Pablo la palabra «gracia» era *charis*. Lleva la connotación de gracia o favor. Pero el término evolucionó en el mundo griego hasta que quería decir la dádiva en sí, la expresión concreta de bondad. La gracia sucede. Como Pablo lo explica: «Pero el don no fue como la transgresión; porque si por la transgresión de aquel uno murieron los muchos, abundaron mucho más para los muchos la gracia y el don de Dios por la gracia de un hombre, Jesucristo» (Romanos 5:15).

La gracia sucede y actúa. «Porque por gracia sois salvos por medio de la fe; y esto no de vosotros, pues es don de Dios» (Efesios 2:8).

Tal gracia puede venir solo de Dios. Es una dádiva no buscada, inmerecida, ilimitada. Porque sin que importe lo que hayamos hecho, y por profunda que sea nuestra transgresión, o la oscuridad de nuestros corazones, la gracia supera todo eso. Dios nos busca sin cesar y no nos dejará, y una vez que nos haya cautivado, no nos soltará.

Estos son rasgos generales de la idea en sí. Sin embargo, es como si estuviéramos cartografiando un territorio no cartografiado; explorando los límites del cielo, por así decirlo. Nunca podremos abarcar toda la amplitud. La gracia es demasiado deslumbrante, demasiado brillante, porque su poder viene del corazón santo de Dios. Tratar de comprenderla es muy parecido a fijar la vista en mil soles.

La gracia es tan infinita y trascendente como el Dios del cual fluye. Él es «el Dios de toda gracia» (1 Pedro 5:10) y abunda en misericordia para el inmisericorde, ayuda para el impotente, redención para cada uno y para todos. No hay límite a los miles de invitados a cenar en la mesa desbordante del Maestro.

Como Griffith Thomas ha dicho: «Todo esto en plena medida y abundancia desbordante, debido a nada en el objeto, y debido a todo en el Dador, Dios mismo».[10]

La gracia es el puente sobre el abismo que parece infinito; el cañón entre nuestra depravación y la santidad de Dios. Ese puente es amplio, firme y seguro, invitándonos a cruzar a una vida demasiado hermosa como para imaginarla.

LA MISERICORDIA

En la esencia del misterio hay un concepto esencial: la idea de la misericordia. Debemos entender la gracia, por lo menos dentro de los límites de nuestra comprensión; debemos entender la misericordia. Y debemos estar claros en cuanto a cómo las dos ideas se entrecruzan.

A menudo usamos las palabras como sí fueran sinónimos: ambas lo mismo. Es más, hay pasajes en el Nuevo Testamento en que parece que es así. Unos pocos estudiosos han sugerido la proposición clara y sencilla de que el Antiguo Testamento usa *misericordia* mientras que el Nuevo Testamento habla de *gracia*.

La verdad es más elusiva, como las palabras mismas. Piénselo de esta manera: la misericordia es Dios reteniendo el castigo que nos merecemos por derecho. La gracia es Dios no solo reteniendo ese castigo, sino también ofreciendo la más preciosa de las dádivas.

La misericordia impide que el cuchillo penetre el corazón de Isaac.
La gracia provee un carnero entre los matorrales.

La misericordia corre a perdonar al hijo pródigo. La gracia hace una fiesta con toda extravagancia.
La misericordia venda las heridas del hombre herido por los ladrones.

La gracia cubre el costo de su plena recuperación.
La misericordia oye el grito del ladrón en la cruz. La gracia promete el paraíso ese mismo día.

La misericordia paga la pena de nuestros pecados en la cruz.

La gracia pone la justicia de Cristo en sustitución de nuestra maldad.

La misericordia convierte a Pablo en el camino a Damasco. La gracia lo llama a ser apóstol.

La misericordia salva a John Newton de una vida de rebelión y pecado. La gracia lo hace pastor y autor de un himno eterno.

La misericordia cierra la puerta del infierno. La gracia abre la puerta del cielo.

La misericordia retiene lo que nos hemos ganado. La gracia provee bendiciones que no nos hemos ganado.

En *Los miserables*, de Víctor Hugo, Jean Valjean es un hombre cándido y sin pretensiones, hasta que lo encarcelan durante la Revolución Francesa por robar un pan a fin de dar de comer a su familia que se muere de hambre. Después de cumplir diecinueve años de trabajos forzados, está amargado y furioso contra la sociedad y contra Dios.

Monseñor Myriel es un obispo de setenta y cuatro años en el sureste de Francia que también ha sufrido mucho durante la Revolución. Todo lo que le queda de la aristocrática herencia del obispo son seis cuchillos y tenedores, un cucharón y dos candelabros. Su experiencia le ha enseñado a tener compasión por el indigente, y él los ministra como siervo humilde.

Después de cuatro días de libertad, recibiendo negativas repetidas de comida o refugio, el agotado y hambriento Valjean es un hombre desesperado. Llega la puerta de la casa del obispo. El endurecido Valjean, pensando que es una posada, irrumpe a la fuerza en la cocina, en donde se queda confuso por la cálida bienvenida que recibe del obispo. Esa noche, mientras la casa duerme, Valjean deja el primer colchón y sábanas blancas que ha conocido en diecinueve años, y a hurtadillas llena un saco con los cubiertos atesorados del obispo y desaparece en la oscuridad.

En la mañana, el obispo corrobora lo que el encadenado Valjean les ha dicho a los gendarmes de que le regalaron la plata. El obispo pide que suelten a Valjean y le dice: «Me alegro de verte. Pero también te regalé los candeleros, que son plata como el resto y por lo cual con certeza pudieras recibir doscientos francos. ¿Por qué no te los llevaste junto con los tenedores y las cucharas?».

Incrédulo, Valjean le pregunta al obispo: «¿Es cierto que me van a dejar en libertad?».

El obispo le asegura que está libre y añade: «Amigo mío, antes de que te vayas, toma tus candeleros. Llévatelos». Luego añade: «No te olvides, nunca olvides, que has prometido usar este dinero para convertirte en un hombre honrado. [...] Jean Valjean, hermano mío, ya no perteneces al mal, sino al bien. Es tu alma lo que estoy comprando para ti. La saco de los pensamientos [perversos] y del espíritu de perdición, y la entrego a Dios».

Atormentado por la gracia que se le había ofrecido, Valjean visualiza el contraste de la oscuridad de su propia alma con la contundente luz de amor que ha penetrado su amargura. «Una luz suave se posó sobre esta vida y esta alma. Le parecía que contemplaba a Satanás por la luz del paraíso». Era cierto, en verdad, «que ya no era el mismo hombre, que todo en él había cambiado». El obispo había «llenado toda el alma de este miserable con un resplandor magnífico».

Veinticuatro horas después de su robo, Valjean vuelve a la escena de su crimen y se lo observa «en actitud de oración, arrodillado sobre el pavimento a la sombra frente a la puerta del obispo gentil».[11]

Un momento de gracia puede cambiar toda una vida. En verdad, un momento de gracia puede cambiar toda una eternidad.

Momentos *de* gracia

❧

Si usted está sufriendo por la culpabilidad o una autoimagen que está decayendo, vuelva a hojear el capítulo 1 y subraye las frases que más le impresionan, como: *Te perdonó... Dios siempre derrama su gracia en manos vacías... favor inmerecido... ilimitado... la gracia es una palabra que se deletrea J-E-S-Ú-S... la gracia es un puente sobre un abismo que parecía infinito.* Luego escoja una de las afirmaciones subrayadas en particular y conviértala en su oración, pidiéndole a Dios que lo haga receptor de su gracia admirable y transmisor de ella para otros.

Pregúntese: «¿Cómo puedo ser más como Victoria Ruvolo, que perdonó a su atacante y quiso que la vida de él fuera lo mejor posible?». ¿Hay alguien a quien usted puede perdonar hoy? Al concluir este capítulo, ¡no se olvide de cantar! Cada vez que cierre este libro, aléjese con unos pocos compases de «Sublime gracia» que resuenen en su mente o broten de sus labios.

CAPÍTULO DOS

El plan compasivo de la gracia

Que a un infeliz salvó

⌘

¿Cuándo fue la última vez que vio a un miserable caminando por la calle? ¿Qué de algún transgresor, de un truhán, de un obrador de iniquidad?

Busque esas palabras en algún diccionario empolvado, y hallará todo un arsenal de palabras duras para el pecado y los que lo practican. Sin embargo, muchas de esas palabras están hoy en peligro de extinción en el vocabulario. Se vuelven mohosas y nada familiares por falta de uso.

La pregunta es, en un mundo como el nuestro, ¿por qué tantos términos coloridos y descriptivos de la maldad están fuera de moda? El pecado todavía impera; solo los nombres han cambiado. Los libertinos han sido reemplazados por «tipos de personalidad compulsiva». Ya no oímos mucho en cuanto a iniquidad, pero sí hacemos abundantes referencias a «hábitos personales improductivos». Nadie fuera de los cuentos de los hermanos Grimm es hoy en realidad *perverso*; pero hay muchos con «desórdenes de conducta», ¿verdad? Si alguien de nuestra sociedad hace algo inaceptable, se le echa la culpa a la química y se busca la medicina recetada apropiada. Si no podemos eliminar el pecado en la práctica, podemos cambiarle el nombre y dar rodeos hasta que nadie reconozca el problema.

Hace unos años el *Wall Street Journal* puso un anuncio en el *New York Times* observando que nuestra generación había desmantelado sus antiguos y firmes marcos de referencia de la conducta personal. Se barrió la idea de la culpa, dejando que la gente hiciera sus propios juicios en cuestiones morales. El anuncio concluía que «mucha gente extraviada pudo haber usado un mapa de ruta».[1]

Librarse de la culpabilidad suena muy divertido al principio; una fiesta real. Solo después, cuando es demasiado tarde, vagamos por los escombros morales y nos preguntamos si nuestra libertad fue en verdad libre. Allí es cuando la vieja terminología parece mucho más descriptiva; palabras tales como *perversidad y miserable*. Ponga también *remordimiento y penitencia*.

Hallamos la palabra pecador, por supuesto, en «Sublime gracia». Permítame preguntarle, ¿cómo se siente usted al cantar esa frase: «Que a mí, pecador, salvó»? Algunos de nosotros pronunciamos ese verso con una gran sonrisa, ¡como si no tuviéramos ni la menor idea de que estamos proclamándolo en cuanto a nosotros mismos! Otros prestan más atención, y no les gusta esa frase ni un ápice. ¿A quién este cantante llama pecador? Se han hecho algunos intentos para eliminar esa palabra del himnario regular.

El término original en inglés es «wretch», que quiere decir «miserable», «desgraciado». *Miserable* desciende de un linaje más antiguo; viene de un término antiguo que quiere decir un infeliz, un exiliado. Eso es iluminador, porque ¿qué son los exiliados si no lo que el *Wall Street Journal* llamó «extraviados que necesitan un mapa de ruta»?

Un miserable es un ser humano desdichado en un exilio autoimpuesto. Como el hijo pródigo. Como John Milton. A decir verdad, su diccionario debe incluir un renglón con John Newton en su listado de *miserables*. Volvamos a su historia.

UN PECADOR EXILIADO, MISERABLE

Para entender lo admirable de la gracia a través de los ojos de Newton, hay que tener una idea de la miseria de su exilio.

Volvemos a unirnos a Newton en su juventud en la cubierta de uno de sus primeros barcos de vela. Está deprimido, pero faltaban siglos para que se inventara el Prozac. Está furioso, pero no había a la mano libros sobre el manejo de la ira. Por consiguiente se sienta a la luz de la luna, contempla el mar inquieto, y valora dos opciones:

a. Tal vez deba suicidarse.
b. Tal vez deba matar al capitán.

Tal vez por la mano refrenadora de Dios, él escoge

c. Nada de lo mencionado.

Newton escribió una carta en 1754 diciendo que antes de haber cumplido veinte años nunca había estado ni una hora en compañía de alguien sin intentar corromper su carácter. Una vez dijo de sí mismo:

«Mi vida diaria era un curso de las más terribles blasfemias y palabrotas. No creo que nunca haya conocido a nadie tan blasfemo como lo era yo. No contento con las palabrotas comunes y maldiciones, a diario inventaba nuevas».[2]

Su alma estaba hundida en el exilio, más lejos de lo que cualquier barco pudiera haberlo llevado.

En su libro *Not the Way It's Supposed to Be: A Breviary of Sin* [No como debiera ser: Breviario del pecado], el teólogo Cornelius Plantinga, hijo, nos asegura que nunca podremos llegar a ninguna definición de *gracia* sin el pecado como punto de partida. La gracia barata, dice, trivializa la cruz de Cristo. ¿Cómo podemos quitar nuestros ojos de una cruz bañada en sangre santa? Fue por el pecado que Dios, vestido en carne, se retorció en agonía por nosotros. Fue por la iniquidad, por la maldad, por toda forma de mal miserable y despreciable que Él se sometió a los azotes y a la humillación, y al fin a la obscenidad de la misma muerte.

La gracia solo puede brillar con su resplandor máximo debido a que emerge de la máxima oscuridad. Por consiguiente, recalca Plantinga, nos cargamos de prácticas modernas de adoración sosas e inofensivas, que aunque sean muy «sensibles al buscador» son para nuestro propio riesgo. Cantos de alabanza pegajosos y sermones de pensamientos positivos complacen a la multitud, pero a veces las bandas de alabanza ahogan la aleccionadora realidad del pecado, no «hábitos improductivos», sino *pecado*, y la consecuente demanda de confesión, arrepentimiento y perdón.[3]

Esto no es restarle importancia a todos los asuntos que rodean nuestra adoración moderna, sino cuestionar cualquier reunión de santos en donde al pecado se lo barre debajo de la alfombra del santuario. Esto puede suceder con el trasfondo de un órgano de tubos o una guitarra eléctrica. El punto es que debemos confrontar al verdadero enemigo en términos claros.

Pablo fue el apóstol de la gracia, pero nunca negó la apostasía del pecado. Es más, fue su propia honestidad sobre ese tema lo que captó el ojo desesperanzado de John Newton. El exiliado quedó intrigado de que un hombre como Pablo pudiera llamarse el «primero» de los pecadores (1 Timoteo 1:15), y que Dios escogiera a su campeón de entre las filas del enemigo.

Newton leyó vez tras vez las palabras de Pablo en 1 Timoteo 1:13-14:

«Habiendo sido yo antes blasfemo, perseguidor e injuriador; mas fui recibido a misericordia porque lo hice por ignorancia, en incredulidad. Pero la gracia de nuestro Señor fue más abundante con la fe y el amor que es en Cristo Jesús».

Gracia abundante para pecado abundante. John Newton no pudo dejar de pensar en las implicaciones de tal idea.

PRELUDIO PARA LA GRACIA

Pablo no iba a aplicarle una capa de pintura al escándalo de su propio pasado. Su hoja de vida, según surge de sus escritos, siempre incluyó la verdad dura de que era «el más pequeño de los apóstoles», según sus propias palabras, porque tenía en sus manos la sangre de los mártires (1 Corintios 15:9). Él era «menos que el más pequeño de todos los santos» (Efesios 3:8). Era el «primero» de los pecadores (1 Timoteo 1:15). Pero la verdad de esto, como Pablo muestra en Romanos 3, es que ninguno de nosotros tiene limpias las manos. El apóstol acude al Antiguo Testamento para presentar su caso: Eclesiastés, cinco Salmos, una cita de Isaías. Cinco veces usa las palabras *ninguno* o *todos*, porque nadie es justo; todos están en ruina y son impotentes a la vista de Dios.

Somos un mundo de exiliados. Como está escrito:

«*No hay justo, ni aun uno;*
No hay quien entienda.
No hay quien busque a Dios.
Todos se desviaron, a una se hicieron inútiles;
No hay quien haga lo bueno, no hay ni siquiera uno.
Sepulcro abierto es su garganta;
Con su lengua engañan.
Veneno de áspides hay debajo de sus labios;
Su boca está llena de maldición y de amargura.
Sus pies se apresuran para derramar sangre;
Quebranto y desventura hay en sus caminos;
Y no conocieron camino de paz.
No hay temor de Dios delante de sus ojos» (Romanos 3:10-18).

El estribillo en ese pesaroso canto de Pablo es: «nadie; ni siquiera uno». Repite ese estribillo cinco veces. Para que no nos aferremos a algún vestigio de santurronería, Pablo nos lo repite varias veces.

Este es un mensaje que nadie quiere oír, porque el resultado de esto es que uno puede ser el ciudadano más recto de la ciudad, y con todo, ante la luz reveladora del cielo, usted es un desdichado miserable a merced de un Dios santo. Usted puede tener un registro policial limpio, estar en posición perfecta ante el Departamento de Impuestos, tener las obras de cualquier santo, la pasión de Pablo y la convicción de Ghandi, y con todo ser acusado y convicto ante las normas perfectas de un Juez infinitamente justo.

Aquí hay más palabras que preferimos no cantar en cuanto a nosotros mismos: *depravación total*. Preferiríamos reservar tales términos para los que abusan de niños, los que usan pornografía y los terroristas. Pero Pablo sacude su cabeza con tristeza y dice que ninguno de nosotros es justo. No, ni siquiera uno.

Nuestra depravación no viene en medias dosis: *total* quiere decir justo eso. Charles Swindoll ha escrito que si la depravación fuera azul, todos seríamos azules. Nuestra sangre sería azul, pensaríamos pensamientos azules, y no tendríamos ninguna posibilidad de que en ninguna fracción de segundo nuestro corazón, alma y mente no estuvieran inundados de azul. Usted podría ser una personalidad tan colorida como quisiera, pero cada segmento de su arco iris sería abrumadoramente azul.[4]

Iván Turgéniev, novelista y dramaturgo ruso del siglo diecinueve, dijo: «No sé cómo es el corazón de un hombre malo, pero sí conozco cómo es el corazón de un hombre bueno, y es terrible».[5]

Y Alexander Solzhenitsyn escribe: «¡Si tan solo hubiera personas malas en alguna parte cometiendo en forma insidiosa obras malas; y si tan solo fuera necesario separarlos del resto de nosotros y destruirlos! Pero la línea que divide el bien y el mal pasa por el corazón de todo ser humano. Y, ¿quien está dispuesto a destruir un pedazo de su propio corazón?».[6] El pecado abre su inmisericorde sendero por toda la raza humana, sin que se le escape ni un solo corazón.

Por otro lado *hay* buenas noticias. ¡Buenas noticias muy significativas! La depravación total halla la horma de su zapato en la gracia total; un valor infinito cancela al otro.

Al final, debemos reconocer la oscuridad en nosotros y la luz que viene solo de Dios. Ambas son implacables, y ambas definen todo momento de nuestra vida. Todo átomo de nuestro cuerpo está infectado por la enfermedad del pecado, pero todo átomo puede de igual manera ser cubierto por la gracia de Dios. El ofensor más vil puede disfrutar de las alegrías más profundas del cielo.

El único requisito consiste en darnos cuenta de dos cosas supremas: primero, que estamos contaminados en forma total, segundo, que somos perdonados en forma total solo por el amor, la gracia y el sacrificio de nuestro Señor Jesucristo.

Pablo nos ha mostrado la primera de esas realidades. Ahora, con gran gozo, dirige su atención a la segunda.

PRINCIPIOS DE GRACIA

Prepárese, porque veremos ahora cinco de los versículos más importantes de la Biblia. Es posible que esta sección de Romanos sea el párrafo individual más importante que se ha escrito.

John Bunyan, autor de *El progreso del peregrino*, atribuyó su conversión a estos versículos. El estudioso bíblico Donald Grey Barnhouse trazó un gran corazón sobre ellos en su Biblia. Declaró que constituían el corazón de Romanos, el corazón del Nuevo Testamento, el corazón de la misma Palabra de Dios. Imagínese: toda la galaxia de la revelación de nuestro Padre girando alrededor de este punto singular, el punto cero de nuestro universo espiritual.[7]

Ahora, al estar en terreno sagrado, Pablo nos muestra siete componentes de la gracia de Dios. ¡Hablando de vocabulario! Estas palabras nunca se enmohecen en el vocabulario del cielo. Son palabras tales como *gracia, fe, justificación, redención, gratuito*; el antídoto para *miserable, iniquidad, depravación* y todo lo demás. Aprenda estos versículos, aprenda el significado de estas palabras, y usted habrá aprobado un curso de maestría en la ciencia de la salvación.

Pablo escribió este libro de texto sobre la gracia por inspiración del Espíritu Santo. John Newton escapó de su exilio aquí. John Bunyan hizo su peregrinaje en este pasaje. Este pequeño sitio en su Biblia es el eslabón perdido entre la vida y la muerte, la carne y el espíritu, la criatura y el Creador. Todos tenemos que pasar por este manantial y beber hasta el fondo para poder entender quiénes somos y cómo podemos ser rescatados de nosotros mismos.

Gracia: Aparte de las obras

> *Pero ahora, aparte de la ley, se ha*
> *manifestado la justicia de Dios.*
> —Romanos 3:21

En todo el mundo se pueden hallar solo dos religiones. La primera de ellas se puede llamar la religión del logro divino. La segunda es la religión del logro humano. Pablo pone estas dos ideas en conflicto una con la otra.

El apóstol conoce por experiencia propia que el logro humano está destinado al fracaso. Ha vivido de ambas maneras y ha hallado que el logro humano es un callejón sin salida. Una vez superó toda norma establecida para un fariseo hebreo, y todo resultó en nada. Nos dirá una y otra vez, en cada una de sus epístolas, que las obras nunca bastan. Bien podríamos tratar de construir una escalera al cielo.

Mas al que no obra, sino cree en aquel que justifica al impío, su fe le es contada por justicia (Romanos 4:5).

Porque por gracia sois salvos por medio de la fe; y esto no de vosotros, pues es don de Dios; no por obras, para que nadie se gloríe (Efesios 2:8-9).

[Dios] nos salvó y llamó con llamamiento santo, no conforme a nuestras obras, sino según el propósito suyo y la gracia que nos fue dada en Cristo Jesús antes de los tiempos de los siglos (2 Timoteo 1:9).

Nos salvó, no por obras de justicia que nosotros hubiéramos hecho, sino por su misericordia, por el lavamiento de la regeneración y por la renovación en el Espíritu Santo (Tito: 3:5).

Sabiendo que el hombre no es justificado por las obras de la ley, sino por la fe de Jesucristo, nosotros también hemos creído en Jesucristo, para ser justificados por la fe de Cristo y no por las obras de la ley, por cuanto por las obras de la ley nadie será justificado [...] No desecho la gracia de Dios, pues si por la ley fuese la justicia, entonces por demás murió Cristo (Gálatas 2:16, 21).

Gracia: Se recibe por fe

La justicia de Dios por medio de la fe en
Jesucristo, para todos los que creen.
—Romanos 3:22, lbla

Ahora pasamos a la idea de la fe. Escuche la frecuencia con que surge de la pluma de Pablo en Romanos 3:

«A quien Dios puso como propiciación por medio de la fe» (v. 25).

«A fin de que él sea el justo, y el que justifica al que es de la fe de Jesús» (v. 26).

«El hombre es justificado por fe» (v. 28).

«Él justificará por la fe a los de la circuncisión» (v. 30).

«Y por medio de esa misma fe, a los de la incircuncisión» (v. 30).

«¿Luego por la fe invalidamos la ley?» (v. 31).

Como el connotado pastor británico Charles Spurgeon dijo una vez, «la fe es creer que Cristo es lo que dijo que era y que Él hará lo que prometió hacer, y entonces vivir de acuerdo con eso». De esa manera «su fe le es contada por justicia» (Romanos 4:5); y «tenemos paz para con Dios por medio de nuestro Señor Jesucristo» (Romanos 5:1).

La gracia de Dios se encuentra con la fe humana, y se hace la paz en la guerra entre el cielo y la tierra.

Gracia: Disponible para todo el que cree

…para todos los que creen; porque no hay distinción; por cuanto todos pecaron, y no alcanzan la gloria de Dios.
—Romanos 3:22-23, LBLA

Palabra clave: *todos*. Esa es una palabra inmensa de cinco letras, porque mide la amplitud de la gracia de Dios y la altura de su amor. La red de Dios es tan grande como el número de personas que están dispuestas a acogerse a su seguridad. Nadie está fuera del alcance de su gracia. No hay distinciones dentro de la nación de los pecadores, ni orden de selección dentro de la liga de los elegidos.

Hay en verdad grados de pecado. Un peatón imprudente recibe una sentencia más ligera que un asesino. Pero todo eso es reconocimiento terrenal y trivialidades por las normas del cielo. Debido a que una millonésima de molécula de pecado contamina un alma, *todos* son culpables. Y debido a que la gracia nos limpia del pecado de manera igual de absoluta, nos hallamos de pie ante el trono de la gracia sin ningún rango o medida humana. Todos son puros y limpios por igual ante Dios. Usted y el apóstol Pablo estarán juntos, con igual justicia a la vista de Dios. El Padre mirará a cada uno de ustedes y verá solo la pureza de su propio Hijo.

Gracia: Se consigue por justificación

Siendo justificados…
—Romanos 3:24

En el punto principal de este pasaje central hallamos el concepto de la justificación. No se engañe; la idea es más compleja de lo que usted puede suponer. Tal vez yo pueda perdonarle por hacerme alguna ofensa, pero no lo he justificado. El juez puede desechar su caso de la corte, pero eso no afecta su culpa o inocencia verdadera. El perdón solo quita el castigo por un pecado. La justificación borra cualquier registro de su transgresión.

Jesús enfureció a los dirigentes religiosos por este mismo acto.

¡Perdonó pecados de los cuales Él ni siquiera era la víctima! ¿Cómo podía Él, como tercero, perdonar la transgresión de una persona contra otra?

Podía hacerlo porque era Dios, porque era puro, y porque escogió ser un tercero para todo acto de maldad que podamos cometer. Cristo no solo quita la pena de nuestro pecado; nos limpia por completo de su más ligera mancha. Usted y yo estamos ante Dios como si hubiéramos vivido una vida de total pureza y perfección.

El perdón dice: «Voy a dejártelo pasar esta vez». La justificación dice: «Voy a borrar de toda memoria la ofensa, como si nunca hubiera ocurrido». Perdona y olvida. El presidente puede perdonar, pero no puede restaurar al criminal a la posición de alguien que jamás haya quebrantado la ley. Dios hace ambas cosas; eso es la clave de la justificación.

John Sttot escribe que «justificación no es sinónimo de amnistía, [...] sino un acto de justicia, justicia de gracia. [...] Cuando Dios justifica a los pecadores, no está declarando que las personas malas son buenas, o diciendo que no son pecadores después de todo. Está pronunciándolos justos, libres de cualquier responsabilidad por la ley quebrantada, porque Él mismo, en su Hijo, ha llevado la pena de ese quebrantamiento de la ley».[8]

Gracia: Concedida gratis

Siendo justificados gratuitamente...
—Romanos 3:24

Otra palabra que se pudiera usar es *gratis*. Apocalipsis 22:17 nos dice que el agua de vida es *gratis* para todo el que la quiera. Jesús dice en Mateo 10:8 que *gratis* hemos recibido, y que debemos dar *gratis*.

Un mendigo oprime su nariz contra una vitrina. El aroma del restaurante lo aturde. No tiene trabajo, ni refugio, ni esperanza. Su estómago gruñe en protesta mientras ve a los clientes bien vestidos, bien alimentados, disfrutar de su cena de filete y langosta. Es el restaurante más elegante de la ciudad. ¿A quién está engañando al contemplar la elegancia del banquete? A decir verdad, por ahí viene el mesero para espantarlo, por la escena inapetente en que se ha convertido.

Pero la cara del mesero no muestra rechazo. Más bien, la compasión brilla en ella. «Te he traído nuestro plato más suculento», le dice, descubriendo una suntuosa bandeja. Los ojos del vagabundo se abren a más no poder, y mete la mano en su bolsillo en busca de unas cuantas monedas, que es todo lo que puede ofrecer.

«Guarda tus monedas», le dice el mesero sonriendo. «Esto viene del dueño, que te vio por la ventana. Él sabe que nunca podrías pagar una comida así, de modo que te la ofrece *gratis*. Vuelve de nuevo cuando tengas hambre».

Usted es un invitado al banquete celestial, no un cliente que paga. *Gratis*... tiene que gustarle esa palabra.

Gracia: Se adquiere por medio de la redención

Siendo justificados gratuitamente por su gracia, por
medio de la redención que es en Cristo Jesús.
—Romanos 3:24, LBLA

¿Alguna vez ha canjeado un cupón? Por supuesto que hemos llegado al lenguaje del mercadeo.

Pablo había caminado por las calles de Roma y Corinto, en donde se vendían y compraban esclavos como manzanas en un puesto de frutas. Sabía que todos éramos esclavos del pecado y la culpa, más impotentes y humillados que la mayoría de los esclavos en cadenas. Jesús salió a la calle, efectuó el pago, y nos puso en libertad.

Pero esa ilustración es deficiente, por decir lo menos. En realidad, Jesús no usó monedas, sino el precioso intercambio de su sangre. No es lo mismo que un rico que saca de su billetera unos cuantos billetes cuando tiene millones. Jesús pone todo lo que tiene. Compra nuestra liberación mediante su propio sufrimiento. Se convierte en el esclavo para que el esclavo real pueda salir libre.

Por eso Cristo es nuestro *Redentor*. Al teólogo Benjamin Warfield, de Princeton, le encantaba aplicar ese título al Señor, porque nos recuerda no solo nuestra preciosa dádiva, sino su precio máximo:

«Cada vez que lo pronunciamos, la cruz se exhibe ante nuestros ojos y nuestros corazones se llenan de amor al recordar no solo que Cristo nos ha dado salvación, sino que pagó por ella un precio tremendo».[9]

Gracia: Conseguida mediante la propiciación

A quien Dios exhibió públicamente como
propiciación por su sangre a través de la fe.
—Romanos 3:25

Otra hermosa palabra que es una pena que falte en el vocabulario corriente es *propiciación*. Es uno de los términos más poderosos y profundos en el vocabulario bíblico. Con todo, se la usa en forma esporádica en la Sagrada Palabra de Dios. Apenas cuatro veces la vemos en el Nuevo Testamento. En cada ocasión provee un vislumbre de nuestra salvación a través de los ojos de Dios mismo.

Su uso en el Antiguo Testamento provee unas cuantas pistas del misterio de la propiciación. El arca del pacto era un cofre de madera recubierto de oro como de un metro de largo. El tesoro que contenía era nada menos que las tablas de piedra de la Ley, escritas por el dedo de Dios y bajadas del monte Sinaí en las manos de Moisés. La caja tenía una cubierta conocida como el propiciatorio, que contenía dos querubines que estaban uno frente al otro en cada extremo. Las alas de estos querubines se extendían hacia arriba y después hacia adelante, casi tocándose en medio por encima del arca.

El simbolismo de las alas les decía a todos que Dios moraba encima del arca. Y sin embargo, el arca proveía un cuadro del juicio; un sentimiento de terror. Porque, como James Montgomery Boyce destaca, «Dios miraba hacia abajo desde el cielo por entre las alas de esos querubines y veía la carga de los mandamientos en el arca». Ellos estaban con certeza y sin contemplación rotos como las mismas tablas, que Moisés había lanzado en frustración. La desobediencia exigía juicio.

Ah, pero estaba esa cubierta. ¿Cómo se llamaba? *El propiciatorio*. Usted ve, una vez al año, en el Día de la Expiación, el sumo sacerdote judío entraba en el Lugar Santísimo para hacer expiación por los pecados del pueblo. Entraba para hacer *propiciación*; la misma palabra que nos viene del hebreo al griego, y que se traduce «propiciatorio». El sacerdote rociaba sobre el propiciatorio la sangre de un animal sacrificado.

Esto cambiaba las cosas. Ahora, al mirar Dios hacia abajo, no veía de inmediato las leyes quebrantadas en las tablas destrozadas. Más bien veía la sangre de un inocente, una ofrenda humilde de arrepentimiento; y el perdón se hacía posible mediante la propiciación.

¿Cuántos rebaños de corderos se necesitarían para cubrir todos nuestros pecados? ¿Cuán a menudo habría que repetir este ritual? La respuesta final, por supuesto, fue la sangre del mismo Hijo de Dios.[10]

Juan escribe: «Y él es la propiciación por nuestros pecados; y no solamente por los nuestros, sino también por los de todo el mundo» (1 Juan 2:2). Hay suficiente espacio debajo de las alas de esos ángeles para cada uno de nosotros.

LA FUENTE DE LA GRACIA

En el oscuro trasfondo de la vida de John Newton nos cruzamos con un hombre llamado William Cowper.

Nacido en 1731, Cowper tuvo algo en común con Newton. Su madre murió cuando era pequeño. Así que él también fue de súbito enviado a un internado. Cowper, pequeño y tímido, llegó a ser el blanco de los abusadores y de la persecución. Todo el cariño y la seguridad de su vida parecían haber sido reemplazados por el abandono y el martirio.

Cuando Cowper creció, sus estudios se convirtieron en su refugio; en particular le gustaban la poesía y la literatura. Su madre había sido una Donne, y procedía de la familia del poeta cristiano John Donne, que había escrito: «Ningún hombre es una isla». Pero su madre había muerto, y Cowper se sentía como una isla.

Su padre insistió en que el joven William estudiara leyes. Cuando llegó el momento de su examen final, el alumno sufrió un quebrantamiento emocional e intentó suicidarse. Después de esto no pudo recuperar ningún equilibrio emocional. «Yo era un venado herido que había dejado el rebaño», escribe.[11]

Ya entonces Cowper había decidido que la vida y todos sus agentes estaban alineados en su contra; había nacido bajo una maldición. Tiró su Biblia con desdén, diciendo que Dios era otro abusador que lo perseguía. A decir verdad, lo mismo eran todos los demás, porque Cowper sufría de paranoia aguda. El mundo era una gran conspiración contra él. Se había convertido en un miserable exiliado sin ningún mapa de ruta a casa.

Después de su suicidio fallido, a Cowper le diagnosticaron *melancolía hipocondríaca*. Fue entonces cuando algunos de sus pocos amigos recomendaron un sanatorio mental. La gracia de Dios entra aquí en la historia.

El Dr. Nathaniel Cotton, que era un poeta y un cristiano, resultó ser el médico a cargo. Por dieciocho meses, Cowper mostró progreso positivo. El Dr. Cotton ayudó a Cowper a recuperar su amor por la poesía y la palabra escrita. Con paciencia le explicó la magnitud infinita de la gracia de Dios, que era suficientemente grande para cubrir a todos sus hijos, inclusive a William Cowper. ¿Podría ser que en lugar de que todas las cosas estuvieran juntas en su contra, todas las cosas obraran para el bien de los que aman a este Dios? El paciente escuchó, y trató de creer. Un día lo logró.

Cowper tomó una Biblia y leyó Romanos 3, el meollo del evangelio. Como le sucedió un día a Lutero, a Wesley y a Newton, y a toda alma desesperada cuyo corazón en pena se ha lanzado en los brazos de Dios, Cowper sucumbió a la persecución santa del Señor. El poder de la propiciación hizo que todo cobrara vida para él.

Más tarde escribiría: «De inmediato recibí fuerza para creerlo, y los rayos plenos del Sol de Justicia brillaron sobre mí. Vi la suficiencia de la expiación que Él había hecho, mi perdón sellado en su sangre, y la plenitud y el carácter completo de su justificación. En un momento creí y recibí el evangelio».[12]

También afirmaría: «A menos que el brazo todopoderoso haya estado debajo de mí, pienso que debería haber muerto de gratitud y gozo. Mis ojos se llenaron de lágrimas y la voz me falló, [...] solo podía mirar al cielo en silencio, ¡abrumado de amor y asombro!».[13]

Cowper tenía 33 años. Al dejar el hospital para empezar la vida de nuevo, conoció a una familia apellidada Unwin. Alrededor de la chimenea se sentaban para orar, y Cowper sintió un estado de paz que nunca había pensado posible. Ningún hombre era una isla; ningún hombre un exiliado.

Cuando el Sr. Unwin murió, Cowper se estableció con el resto de la familia en la ciudad de Olney. ¿Le suena ese nombre? El pastor local resultó ser John Newton. En forma muy natural, los dos hombres entablaron una profunda y duradera amistad. Dios había unido a dos ovejas heridas y descarriadas, dos náufragos exiliados. Ambos eran cautivos voluntarios de la gracia salvadora, y ambos disfrutaron vertiendo su devoción en himnos y poemas. Cowper mismo llegaría a convertirse en uno de los más grandes poetas y hombres de letras de Inglaterra. En un tiempo se le consideró para designarlo poeta laureado de Inglaterra.

Juntos, William Cowper y John Newton produjeron la colección conocida como *Olney Hymns* en 1779. De sus 349 cantos, sesenta y siete fueron compuestos por Cowper y el resto por Newton. La gracia abunda en todas las páginas del himnario, incluyendo la bien conocida canción de Cowper «Hay una fuente sin igual» y en los siguientes versos, muy conocidos en países de habla inglesa:

> *Hay una fuente sin igual*
> *De sangre de Emanuel;*
> *En donde lava cada cual*
> *Las manchas que hay en él.*

> *El malhechor se convirtió*
> *Clavado en una cruz;*
> *Él vio la fuente y se lavó*
> *Creyendo en Jesús.*

> *Y yo también mi pobre ser*
> *Allí logré lavar;*
> *La gloria de su gran poder*
> *Me gozo en ensalzar.*

> *Desde que por fe vi el manantial*
> *que tus heridas abiertas proveen,*
> *el amor redentor ha sido mi tema*
> *y lo será hasta que muera.*

Estos hombres habían hallado la fuente que fluye para siempre desbordándose, el manantial que brota de la eternidad con vida eterna para que una vez que los hombres beban de él, nunca más tengan sed. Espero que usted haya hallado esas aguas y que beba con igual profundidad y gratitud de ellas hoy.

Momentos *de* gracia

❦

¿Ha estado usted excusando un pecado de su vida llamándolo por
otro nombre? ¿Un rasgo desdichado? ¿Una debilidad? ¿Un hábito
improductivo? Antes de que podamos experimentar la gracia de
Dios tenemos que vernos nosotros mismos como los pecadores
que en realidad somos a los ojos de Dios; como… pues bien, como
miserables. No, no es así como la sociedad quiere que pensemos
de nosotros mismos, pero antes de que podamos experimentar la gracia abundante tenemos que entender nuestra depravación total y el amor absoluto de Cristo. Copie las palabras de
1 Timoteo 1:13-14 y póngalas donde pueda leerlas varias veces al
día hasta que llegue a apropiarse de ellas: *[Yo antes era] blasfemo,
perseguidor e injuriador; mas fui recibido a misericordia. […] Pero la
gracia de nuestro Señor fue más abundante…*

CAPÍTULO TRES

El poder transformador de la gracia

Perdido [estaba yo], y Él me halló

~~

Cuando Jesús se sentó a enseñar, pasó su vista por el conglomerado de humanidad que con ansia se reunía a su alrededor. Como de costumbre, no era lo mejor de la comunidad ni los más brillantes los que buscaban su sabiduría hoy. Los que sacaban ganancias de los impuestos estaban allí. Los buscadores de placer estaban allí. Era un surtido variado de las masas no lavadas a las que con desdén se les llamaba «pecadores».

Los dirigentes religiosos se pusieron en su lugar acostumbrado en la periferia de la multitud; situación estratégica para murmurar y decir en voz baja comentarios cáusticos, y también para evitar el temido contacto físico con los impuros en lo ceremonial.

Entonces el mundo pareció quedar en silencio cuando el Maestro empezó a enseñar; o más bien, a contar historias. Al rabino le encantaban las narraciones, largas o cortas. Esta vez hizo sus relatos en un conjunto parejo, tres variaciones de un tema. El tema se podría haber descrito como «perdido y hallado».

Primero hubo un rápido vistazo a un pastor que recorrió las escabrosas montañas en busca de una oveja perdida, incluso al punto de descuidar a otras noventa y nueve. Todos pudieron imaginar al pastor cuando cargaba triunfal su premio, que balaba sobre sus hombros mientras sus amigos aplaudían.

El cielo, dijo Jesús, se parece a los que aplauden a los pastores. Fin de la historia.

Luego habló de una moneda perdida. Esta vez la que buscaba era una frenética ama de casa, moviendo cada silla y cántaro en busca de la moneda. Al fin, con un ligero grito de deleite, la mujer levantó en alto su premio. Como el pastor, no pudo sino llamar a sus amigas y hacer fiesta. Hay un ápice de humor en esta historia, y la multitud se rio apreciándolo.

Los ángeles, dijo Jesús, tienen tales celebraciones cuando incluso un pecador recibe un cambio de corazón.

¿Qué deben los fariseos y escribas haber sacado de todo esto: ovejas, monedas y aplausos? ¿Qué tenían que ver posesiones extraviadas con la ley mosaica? ¡Pureza, esa era la cuestión de acuerdo a su ley! La única pregunta válida era si los pastores o la mujer estaban santos de forma legal.

Pero Jesús no había terminado por el día. Ahora puso el plato principal, para el cual los platos precedentes habían sido meros aperitivos. Contó el relato de los siglos: uno que retumba a través de la historia, que desarma a todo oyente, que nadie se cansa de repetir. Es un relato que no pierde nada en ninguna cultura ni ambiente, sin que importe donde se cuente. Charles Dickens, el más grande de los novelistas de lengua inglesa, lo llamó el más grande cuento corto de todos los tiempos. Esta narración tiene que ver con un hijo perdido, pero era más que un breve bosquejo en esta ocasión. Con la habilidad de un artista magistral, Jesús pintó el cuadro del padre acomodado de dos jóvenes, uno de los cuales causa desgracia a la familia con un despilfarro ilícito.

Cada uno de los tres personajes principales: padre, hijo mayor e hijo perdido, responderán a la crisis de una manera que nosotros nunca hubiéramos adivinado. Sin embargo, cuando la historia queda terminada, el que la oye se queda sentado en silencio y al final dice: «Sí. La historia es verdad en lo absoluto. Sé que es verdad porque es *mi* historia».

Este es el poder del pródigo. Nadie puede dejar de verse en la narración. El pintor Rembrandt quedó cautivado por el cuadro que halló pintado en las palabras de Lucas 15. Antes, en su carrera, al artista se le conocía como un joven arrogante y dado al placer, y se pintó a sí mismo en su versión como el hijo descarriado del relato, al que hallaron de forma vergonzosa en un prostíbulo de Ámsterdam. Entonces, hacia el mismo final de su vida, un hombre más sabio pero envejecido, Rembrandt volvió al relato de nuevo, esta vez pintándose en la parábola como el padre cariñoso, abrazando a su hijo. La luz emana de la cara llena de ternura del padre en una escena de puro poder emocional.

La obra maestra resultante, *The Return of the Prodigal* [El retorno del pródigo], se extendió cruzando los siglos para cambiar la vida del escritor Henri Nouwen, que pasó días en silencio meditando en la resonancia espiritual de la escena. Como resultado, fray Nouwen escribió su propia obra maestra, un libro titulado como el cuadro: *El retorno del pródigo*.[1]

Nouwen observa en su libro que temprano en la vida Rembrandt había respondido, como muchas personas, a la historia del hijo. Como hombre de mayor edad y más sabio, ve la historia bajo una nueva luz. Llega a ser para él una narración, no del hijo que peca, sino del padre que perdona.

Pienso que Rembrandt y Nouwen estaban en la pista correcta.

PADRE DE OBRAS MAESTRAS

El relato que hizo Jesús es una obra maestra que engendra más obras maestras en todo medio. «Sublime gracia» de John Newton es una más en la lista, porque John Newton se ve a sí mismo como el hijo dado al mundo que vuelve a tropezones. ¿Cómo pueden las palabras escogerse con más sencillez o contundencia? Perdido estaba yo. Él era esa moneda. Él era la oveja. Sobre todo, él era ese hijo descarriado que había llevado vergüenza a su cuna, que había cometido actos que su conciencia nunca dejaría ir. *Perdido [estaba yo], y Él me halló.* Esta es la historia de todas las historias.

Ese otro rebelde que regresó al hogar, el apóstol Pablo, usó la palabra *perdido* solo una vez en todas sus cartas. Pero él también se identificó con la parábola. Todo sermón que predicó en Hechos, y toda epístola que escribió en nuestra Biblia, hace eco de los temas de perdido y hallado; del hijo impotente cautivado por la gracia. Pablo bien pudo haberse visto a sí mismo en cada parte de la historia, e incluso en su ambiente: en la multitud que rodeaba a Jesús, entre los fariseos que se burlaban. Puede haberse visto como el hijo mayor, demasiado orgulloso de su propia conducta como para entender la gracia que había presenciado. Al fin, por

supuesto, habría tenido que unirse a cada uno de nosotros al identificarse con el hijo vagabundo y despilfarrador. Esa identificación
es el paso necesario para todo hijo perdido que busca la salvación.

Tendemos a concentrarnos en el protagonista de este drama
que realiza la acción: que se va, peca y vuelve. Sin embargo,
Rembrandt tuvo toda la razón al poner al padre en el centro del
lienzo. Las Escrituras no hacen menos, porque al padre perdona-
dor se le menciona doce veces en veinte versículos. Tal vez no vaya
a ninguna parte. Él puede «hacer» muy poco, por lo menos en
forma visible. Pero él es el verdadero héroe de este relato, el verdadero protagonista. No podemos entender ningún otro personaje
y ningún otro desarrollo de este cuento a menos que lo veamos a
través de los ojos de ese padre radiante, sin el cual no hay historia,
ni gozo, ni esperanza.

La humillación del padre

> *También dijo: Un hombre tenía dos hijos; y el menor*
> *de ellos dijo a su padre: Padre, dame la parte de los*
> *bienes que me corresponde; y les repartió los bienes.*
> —Lucas 15:11-12

No hay nada de notable en el punto de partida de esta parábola:
otro joven inquieto con anhelos, pero sin el capital. Le falta la
madurez para respetar la fuente de todo lo que tiene y todo lo que
es. Lo único que quiere es lo que le corresponde.

Cualquier joven habría sabido con exactitud cuáles eran sus
derechos. La ley judía lo decía en forma clara y sencilla; se puede
leer la letra menuda en Deuteronomio 21:17. En el caso de dos
hermanos, el mayor recibía dos tercios; el tercero recibía el resto.
Cualquier porción podría ser una bonita fortuna, pero el truco era
que el padre debía estar muerto primero.

El mensaje real del segundo hijo, entonces, es: «No puedo esperar a que te mueras, papá».

Cualquier padre normal en esa parte del mundo (o de casi cualquier otra parte) le hubiera dado una cachetada a su hijo y le hubiera puesto de patitas en la calle, y no habría tenido ninguna objeción de parte de la ley judía. Pero hay que leer entre las líneas de Lucas, y muy pronto en la narración se ve que este no es un jefe de familia común. Por el sencillo acto de acceder a la insultante petición, el padre se mostró como un hombre de gracia.

Este es un padre que podía ver en el futuro. Sabía de la desolación y el corazón quebrantado que le esperaba a su hijo. Sabía de su propio corazón quebrantado. Sin embargo, se quedó en la puerta y vio cómo su hijo le daba la espalda con frialdad y se iba, llevándose consigo una tercera parte de los bienes.

Y, ¿qué hay en cuanto a esos bienes? Nosotros pensamos en términos de acciones y bonos, los cubiertos de plata de la familia, cualquier propiedad de bienes raíces. El padre del relato es a todas luces un hombre con recursos. Notamos que sus propiedades incluían ganado y los potreros para mantenerlos, criados y esclavos, la capacidad para hacer un gran banquete en un santiamén.

De acuerdo con la ley escrita, la tierra del padre no se podía vender sino hasta su muerte. De nuevo, un hijo apurado por incorporarse a fiestas distantes ignoraría tales consideraciones. En la venta pública de un tercio de los terrenos, todo vecino por kilómetros vería la vergüenza de la familia.

En un país pequeño en el que la tierra escaseaba, la herencia de la familia era asunto serio. Para un joven que hubiera perdido su primogenitura entre los gentiles y se atreviera a volver a casa se había establecido un ritual especial llamado *kezazaj* [«la separación»]. De acuerdo a Kenneth E. Bailey, la comunidad rompía una vasija frente al muchacho. Gritarían que el ofensor estaba separado de su pueblo y luego le darían las espaldas para siempre.[2]

Esto no era cuestión de sembrar un poco de cizaña con el plan de emergencia de volver a casa más tarde para tomar su lugar en el negocio de la familia. Esto era asunto para siempre; un asunto de trazar una línea en la arena, de insultar a todos en el otro lado y repudiar a su gente antes que ellos lo repudiaran a uno. Era decir: «Te invito a que me condenes al ostracismo, y no me importa».

Nos ponemos en los zapatos del padre y nos preguntamos cómo responderíamos. ¿Qué emociones dictarían nuestras acciones? Para muchos, la respuesta sería la cólera. Sin embargo, en este relato, la emoción del padre es un *amor disciplinado*. Esa clase de amor no tiene cuerdas, ni condiciones. A propósito deja cada puerta abierta a la herida.

La gracia de Dios halla una expresión que se repite en forma infinita en su disposición a aceptar nuestro insulto. Estamos ante Él y le decimos: «Dame lo que es mío», como si la responsabilidad y la obediencia no fueran parte del legado. ¿Quién quisiera irse de su maravilloso palacio? Sin embargo, así somos usted y yo. Seguimos nuestro camino, y le rompemos el corazón, hasta que nos hemos hecho daño nosotros mismos, hasta que agotamos nuestra capacidad de hacernos daño.

Dios podría tomar la posición de muchos padres y poner barrotes en las puertas, encerrarnos en nuestros cuartos, y fomentar en nosotros corazones de rebelión. Sin embargo, Él se queda ahí y nos observa salir por la senda de la desdicha, sabiendo que es la única manera de que cultivemos un corazón de obediencia humilde. No hay límite a la distancia hasta la cual Él nos permitirá vagar, ni tampoco limite a la paciencia con que esperará nuestro regreso.

El apóstol Pablo y Newton el navegante comprendieron hasta dónde era posible ir antes de caerse por el borde del mundo. Para Pablo, era posible tomar parte en el asesinato de los santos. Para Newton, era posible contribuir a esclavizar a los inocentes. Para

Pablo, el país distante fueron unos pocos cuartos ocultos de Jerusalén. Para Newton, el país lejano fue la costa de África.

Esta distancia en particular se mide no en kilómetros, sino en sufrimiento.

La separación del padre

> *No muchos días después, juntándolo todo el hijo menor,*
> *se fue lejos a una provincia apartada; y allí desperdició*
> *sus bienes viviendo perdidamente. Y cuando todo lo hubo*
> *malgastado, vino una gran hambre en aquella provincia,*
> *y comenzó a faltarle. Y fue y se arrimó a uno de los*
> *ciudadanos de aquella tierra, el cual le envió a su hacienda*
> *para que apacentase cerdos. Y deseaba llenar su vientre de*
> *las algarrobas que comían los cerdos, pero nadie se la daba.*
> —Lucas 15:13-16

Plata en mano, el pródigo se va a un país lejano. Jesús no da el nombre, porque es un lugar que no está en ninguna parte y está en todas partes. No importa en dónde se encuentre usted o dónde viva, hay un país lejano. No necesita un mapa. Todo lo que necesita es una naturaleza pecaminosa y un alma inquieta, y ya está en camino.

Para el hijo, ese país lejano es todo en cuanto a sensualidad, disipación y aventuras sexuales; la carnada más barata que Satanás tiene para ofrecer: «Come, bebe, y alégrate». El problema con la sensualidad es que no nota nada sino el objeto de su lujuria. En este caso, el pródigo ni siquiera se da cuenta de que hay una hambruna local. Mucho antes de lo que se había imaginado (aunque lo más probable es que nunca se lo imaginara para nada), su billetera se queda vacía.

Ahora debe pasar de juergas incesantes a labor incesante. La pobreza no le deja alternativa. Se halla trabajando en el mismo tipo de granja que en una ocasión reciente había liquidado. Todos los días no puede dejar de ver el verdadero valor duradero de la tierra y el ganado.

Pero es demasiado tarde. No puede recuperar los bienes que desperdició; ni el amor de la familia que abandonó.

La manipulación del padre

Y volviendo en sí, dijo: ¡Cuántos jornaleros en casa de mi padre tienen abundancia de pan, y yo aquí perezco de hambre! Me levantaré e iré a mi padre, y le diré: Padre, he pecado contra el cielo y contra ti. Ya no soy digno de ser llamado tu hijo; hazme como a uno de tus jornaleros.
—Lucas 15:17-19

Por muchos años, al leer, reflexionar, predicar y orar sobre esta parábola, me he sentido atraído a tres palabras de este pasaje. Esas tres palabras cambian el curso total de la historia.

Las tres palabras vienen cuando el pródigo *vuelve en sí.*

¿Qué sucedió cuando él «volvió en sí»? He oído muchos sermones que se fijan en esa frase como el momento de gracia. Nos imaginamos que el pródigo sintió una profunda convicción por los pecados que había cometido, y nos lo imaginamos cayendo de rodillas para confesar y arrepentirse.

Para decirlo con franqueza, eso es una exageración.

Lea el pasaje de nuevo y busque alguna palabra tal como *apenado* o *remordido.* ¿Se trata de su alma *culpable,* o es en realidad cuestión de un estómago vacío? ¿Se arrepiente él con sinceridad o nada más tiene el buen sentido común de conseguir una buena comida?

No podemos estar seguros de la respuesta; o, más al punto, Jesús la deja en la oscuridad, porque en la parábola vemos con exactitud lo que el Maestro desea que veamos. Y lo que Él quiere que sepamos por ahora es que el pródigo sabe que necesita ayuda. Se rinde. Si hay acaso la más mínima esperanza de ser readmitido en casa, entonces por lo menos tendría que volver a pagar todo centavo que ha desperdiciado. Sabe que si trabaja como cuidador de puercos jamás lo logrará. A decir verdad, ni siquiera le han pagado por su trabajo («nadie le daba nada» [v. 16, LBLA]). Él creía que cuidar puercos era ya haber tocado fondo; cuidarlos gratis era incluso más bajo.

Así que ahora está tan desesperado que piensa regresar a su casa. Se ve en el fondo de la jerarquía, ya no como hijo, sino como criado. Con el tiempo, tal vez en un buen número de años, con su trabajo podría pagar su deuda.

Es esencial que nosotros, los oyentes de Jesús, entendamos que el pródigo todavía no está preparado para la gracia. Él todavía está fraguando sus propios planes, solo un poco más triste y más sabio para implementarlos. Ya sea que él se dé cuenta o no, todavía está a todas luces dentro de las fronteras de ese país lejano, en su exilio voluntario lejos del rescate del amor incondicional.

Nosotros preferiríamos que el pródigo «se redimiera a sí mismo», pero eso sería malentender esta parábola y malentender la gracia. Nadie en este planeta tiene la capacidad de redimirse a sí mismo. Cada uno de nosotros, como el pródigo, debe en última instancia abandonarse a la misericordia del tribunal.

Pero espere; ¿estamos *seguros* de que el pródigo no se ha arrepentido? Escuche el discurso que prepara para decir: «Papá, he pecado contra el cielo y contra ti. Ya no soy digno de ser llamado tu hijo».

De nuevo, Kenneth Bailey nos ofrece un vistazo sorprendente detrás de los detalles. Los fariseos en el público de Jesús reconocerían el discurso del hijo como las palabras del Faraón cuando trató de manipular a Moisés para que terminaran las plagas (ver

Éxodo 10:16). El gobernante egipcio con certeza no tenía un corazón contrito; sus palabras eran nada más que un intento de controlar los daños de los desastres naturales que estaban asolando su tierra. Él hubiera dicho cualquier cosa que Moisés quisiera que dijera.[3]

Muchas personas que están a merced de otro han dicho palabras humildes. Las palabras son baratas e inadmisibles como evidencia de un corazón arrepentido. El pródigo estaba nada más que buscando acceso a lo que todavía no había consumido de la propiedad de su padre.

En otras palabras, él es como usted o como yo tratando de salvarnos a nosotros mismos, completamente por nuestros propios medios.

Reconciliación con el padre

Y levantándose, vino a su padre. Y cuando aún estaba
lejos, lo vio su padre, y fue movido a misericordia,
y corrió, y se echó sobre su cuello, y le besó. Y el hijo
le dijo: Padre, he pecado contra el cielo y contra
ti, y ya no soy digno de ser llamado tu hijo.
—Lucas 15:20-21

El ojo de mi mente siempre ha conservado una imagen vívida de esta escena. No puedo imaginarme un cuadro más cargado de emoción.

Allí está el pródigo, vestido de harapos que en otro tiempo habían sido la última moda. Está mucho más flaco de lo que cualquiera lo recordaba. Su barba está llena de polvo, y su pelo cae despeinado sobre sus hombros caídos. Como los vagabundos de todas partes, se aferra a sus escasas posesiones en un saco grasiento, y despide los olores de callejones desesperados. Tal vez durante los últimos pocos momentos se había cruzado por el camino con viejos conocidos, amigos de la niñez, o criados que no lo habían reconocido.

Pero el padre ni siquiera titubea. Reconoce a su muchacho de inmediato, porque siempre ha estado velando, vigilando. Su imaginación afligida ya ha resuelto cómo su hijo luciría en el glorioso día de su regreso.

Por el texto griego sabemos que el padre no estaba puertas adentro cuando este espantapájaros azotado por las tormentas apareció en el horizonte. El patriarca estaba afuera vigilando, como un pastor lo haría por una oveja perdida, como una mujer lo haría por la moneda de plata que había perdido. El padre anda por ese camino todos los días, hasta donde puede alejarse con seguridad de su propiedad, impulsado solo por la esperanza del encuentro que ha grabado en su corazón. Sabemos que él velaba con todo su ser, porque esa es la esencia de todas las tres narraciones que Jesús hace en Lucas 15: la incansable búsqueda del tesoro perdido.

El padre, entonces, ve el caparazón de su hijo desde la distancia, y lo consume la compasión. Percibe los cansados pasos, la postura doblegada, el mismo cuadro de la rendición fatigada, y no hay espacio en el corazón del padre para ninguna sustancia excepto el amor. Tan gozosa, tan incontrolable es la emoción dentro de él que empieza a correr hacia la figura; incluso «sale corriendo», se nos dice. Esto no sería apropiado para un hombre del Medio Oriente de su posición. Todo tenía que hacerse con una dignidad calmada. Correr significaba recoger su túnica con la mano, a fin de no tropezar. Eso quería decir dejar expuestas las piernas desnudas. Todas estas cosas están por debajo del orgullo de un patriarca. Pero el verdadero amor es una fuerza poderosa. Entra en erupción en ocasiones. Está desprovisto por completo de preocupación por uno mismo.

Si bien la sensibilidad del hijo es ambigua, no puede haber equivocación en cuanto al corazón del padre; y eso toca la esencia misma de esta parábola. El poder viene de la gracia del padre, no de la culpa del hijo.

Está todavía, sin embargo, la cuestión de la vergüenza pública, para el muchacho y su clan. El padre está más que consciente de eso. Por consiguiente se humilla al correr. Recibe al muchacho de frente. Lo envuelve con la plena aceptación de su abrazo, y toma sobre sí la humillación de su hijo por su propio lenguaje corporal.[4]

Trate de imaginarse la historia de otra manera. Nos hubiéramos conmovido si el hijo hubiera llamado a la puerta, caído de rodillas, y que el padre hubiera aceptado a regañadientes su disculpa. Hubiéramos llamado a eso justicia moderada por la misericordia. Pero nada de eso sucede aquí. Más bien, el padre se entrega por completo antes que una palabra pueda salir de la boca del hijo, antes que el hijo pueda cruzar la propiedad, antes que el hijo siquiera pueda ser reconocido por otro que no fuera el padre que lo había engendrado. El discurso que el hijo con tanto cuidado había preparado lo pronunciaría tal como lo había planeado, pero solo después que lo bañaran en gozo, gracia y besos. Para entonces el discurso no era ni de memoria ni rígido. El pródigo es de nuevo un hijo desvalido, seguro en los brazos de su padre, sin necesidad de planear ni engatusar. Solo ahora es genuino el arrepentimiento, cuando flota en un mar de gracia.

Allí, en el borde mismo de la población, algo sobrenatural ha tenido lugar. En ese punto, la gracia ha aplastado a la culpa. El pródigo ha llegado a ese lugar como una persona perdida. No se halló a sí mismo, como la oveja o la moneda tampoco se hallaron a ellas mismas. En todo caso fue necesario el amor obsesivo del buscador para que lo perdido fuera redimido.

El milagro primario es la insistencia de la gracia. Un milagro secundario es el deshielo de un corazón helado. Ni siquiera el pródigo egoísta y calculador puede resistir la vista de su padre que corre y llora rindiendo su alta posición para recibirle en el borde de la desgracia. En ese momento la gracia lo toma cautivo, y él ve lo que su alma rebelde hasta ahora no le ha permitido ver: la belleza del amor de su padre, el valor absoluto de su aceptación, la dulce alegría de la lealtad y la obediencia. En lo que respecta a su conciencia, nadie le dijo la profundidad del dolor que había causado a su casa. Él lo sabe ahora, no solo con su mente, sino en las profundidades más recónditas de su corazón.

Ese corazón está quebrantado y, sin embargo, su alma está restaurada. Tal es el suceso sobrenatural de la gracia.

La celebración del padre

Pero el padre dijo a sus siervos: Sacad el mejor vestido,
y vestidle; y poned un anillo en su mano, y calzado
en sus pies. Y traed el becerro gordo y matadlo, y
comamos y hagamos fiesta; porque este mi hijo muerto
era, y ha revivido; se había perdido, y es hallado.
Y comenzaron a regocijarse.
—Lucas 15:22-24

A la alegría no le gusta la soledad. De alguna manera siempre quiere invitar a unos cuantos amigos.

Hay tantas cosas que el pródigo quiere decir en ese momento, tantas cosas que *debe* decirle a su padre. Sin embargo su padre no parece tener prisa para oír los sórdidos detalles de la historia ni la explicación detallada de la confesión. Él va como un torbellino en todas direcciones, llamando a los criados y tomando a los esclavos por el codo. Ve en su mente una fiesta como nunca se ha hecho en estos lugares.

Una vez era el hijo el que estaba impaciente por festejar. Los papeles se han invertido. El padre quiere la ropa más costosa de la casa, las joyas más finas, los zapatos más elegantes. Insiste en el mejor corte de la mejor res que se pueda hallar en el rancho.

Cada orden es una expresión significativa de amor para su hijo. El mejor vestido sería el del mismo padre, y eso significaría la restauración completa del hijo a la familia. El anillo era un símbolo de negocios, que se usaba para imprimir cera y sellar un trato. El anillo decía: «Tú eres parte de nuestras operaciones diarias. Puedes zanjar negocios por nosotros». Los zapatos eliminaban toda posibilidad de que el hijo volviera como criado. Solo la familia llevaba zapatos. El becerro gordo era nada más que una expresión de profunda alegría; la mejor comida para el suceso más feliz.

Como Jesús había dicho antes: «Así os digo que hay gozo delante de los ángeles de Dios por un pecador que se arrepiente» (Lucas 15:10). Ahora tenemos el cuadro terrenal de esa alegría.

La condenación del padre

Y su hijo mayor estaba en el campo; y cuando vino, y llegó
cerca de la casa, oyó la música y las danzas; y llamando
a uno de los criados, le preguntó qué era aquello.
Él le dijo: Tu hermano ha venido; y tu padre ha hecho
matar el becerro gordo, por haberle recibido bueno y sano.
Entonces se enojó, y no quería entrar. Salió por
tanto su padre, y le rogaba que entrase.
Mas él, respondiendo, dijo al padre: He aquí, tantos años
te sirvo, no habiéndote desobedecido jamás, y nunca me
has dado ni un cabrito para gozarme con mis amigos.
Pero cuando vino este tu hijo, que ha consumido tus bienes
con rameras, has hecho matar para él el becerro gordo.

Él entonces le dijo: Hijo, tú siempre estás conmigo, y
todas mis cosas son tuyas. Mas era necesario hacer
fiesta y regocijarnos, porque este tu hermano era muerto,
y ha revivido; se había perdido, y es hallado.

Lucas 15:25-32

Tan emocionante es la interacción entre el padre y el hijo que a menudo nos toma por sorpresa cuando un tercer personaje entra en escena. Como sabemos desde el principio, hay un hijo mayor. Él es el heredero que debe recibir dos tercios de los bienes. Él ha estado esperando su tiempo y pagando sus cuotas en el negocio de la familia.

Cuando el hermano menor volvió a casa, el hijo mayor no estaba allí. Solo podemos imaginárnoslo acercándose a la casa después de un largo día de supervisar las actividades de un rancho. ¿Qué es esa música que sale del patio? ¿Qué es la risa y los gritos alegres que salen de la propiedad, por lo general tranquila?

Un criado pasa cerca en camino a hacer algún mandado, y el hijo mayor lo llama para preguntarle. El criado le informa: «Es tu hermano; ha vuelto, ¡y tu padre está haciendo la fiesta más fabulosa de todas las fiestas!».

El joven sigue su camino apurado, y el hermano se queda allí, tratando de digerir lo que acaba de oír. *¿Será posible? ¿Mi hermanito no murió? Y, ¿por qué nuestro padre va a hacer una fiesta por uno que ha destruido nuestro nombre y se ha tragado un tercio de nuestra riqueza?*

Sin embargo, en la mayor parte, no se trata en realidad de *nosotros*. Es un asunto de *yo*. Mientras más lo piensa, más furioso y más santurrón se vuelve el hermano mayor. Para cuando confronta a su padre, incluso rehúsa llamar hermano al invitado de honor. Es «este tu hijo» (v. 30). Y el mensaje es: «¿A esto llamas justicia? ¿Recompensar una desgracia e ignorar la lealtad?».

He llegado a dos conclusiones en cuanto a este hermano mayor.

1. *Era un hijo que estaba viviendo como criado.* «¡Fíjate cuántos años te he servido...!» (v. 29, NVI). ¿Lo había estado haciendo por amor, o nada más que por interés? Vuelva al versículo 12, y a lo mejor se sorprende al descubrir que el padre no solo le dio al hijo menor su parte; les dio a *ambos* hijos lo que les correspondía. Cuando el padre dijo: «Todo lo que tengo es tuyo», estaba nada más que diciendo lo que había llegado a ser un hecho tiempo atrás. El hermano mayor era un joven rico; no solo en efectivo, sino en el amor de su padre. Por desdicha, en algún punto en el camino, él se había convertido en su trabajo. Todo lo que pensaba era en ganar, demostrar. La gracia no tenía sentido para él.

2. *El hermano mayor era un pecador que pensaba que era un santo.* Él dice: «sin desobedecer jamás tus órdenes» (v. 29, NVI). Ah, ¿en verdad? Eso es un poco difícil de imaginar. No hay cosa tal como un hijo perfecto. En cierto sentido, todo hijo o hija entre nosotros es un pródigo. El hijo mayor tal vez nunca dejó la propiedad, pero con todo había huido al país lejano del orgullo y la santurronería; muy parecido a Pablo, que nunca dejó Jerusalén. Recuerde que la distancia del pródigo no se mide en kilómetros, sino en desdicha. El hijo mayor parece ser en todo tan miserable como su hermano. Es más, rehúsa entrar a la casa en donde la fiesta está a todo dar (v. 28).

Esa es una de las líneas más tristes de las Escrituras. Un hijo estaba tan distante de la obediencia y, sin embargo, se solazó en la gracia. El otro no fue *sino* obediente, y nunca recibió el tesoro invalorable que había estado a su alcance todo el tiempo.

¿Cuántos tenemos un aterrador parecido con ese hermano mayor?

¿Qué tal usted? ¿Podría esa dádiva estar justo delante de usted ahora mismo? Tal vez usted no haya viajado al cubil de sensualidad del pródigo. A lo mejor se ha apoderado del cuarto de al lado, en donde halló la pocilga de la obediencia lóbrega. En esta historia, de esa fue más difícil escapar.

Estas son dos caras de una misma moneda: ley y libertinaje. Una y otro nos hacen esclavos, y solo en la gracia hay liberación posible.

PERDIDO Y HALLADO

Jesús concluye su trilogía y mira a la multitud. Ante Él están los llamados pecadores: todos pródigos. Muchos están conmovidos en forma visible: con las caras húmedas o escondidas entre las manos. Más de unos pocos están llorando en forma abierta. ¿Cómo podrían ellos dejar de identificarse con un personaje que rompió toda regla, escupió en la cara de todo lo que era bueno y verdadero, y de alguna manera recibió amor en lugar de condenación? Esta no es como cualquier otra historia que hubieran oído. ¿Podría Dios en realidad ser ese padre?

Más allá de ese grupo de oyentes, Jesús observa la reacción de los hermanos mayores: los escribas y fariseos, obreros sombríos y obedientes que pagan interminables cuotas en los ranchos de la ley mosaica.

Lo que Jesús ve no le sorprende. Engreimiento. Mofa. Educados como eran, muchos con probabilidad no se identificaban con el personaje de la historia que había tomado su parte a las claras. Los santurrones son así: incapaces en forma asombrosa de mirarse en el espejo de la inspección propia.

Jesús había dicho estos relatos en forma muy deliberada. Al prepararse para enseñar no pudo dejar de oír las críticas en voz baja sobre cómo Él estaba pasando su tiempo: ¡comiendo con pecadores!

¡Reuniéndose con cobradores de impuestos! Imagíneselo.

Así que hizo dos relatos para contestar la pregunta: «¿Cuál es el valor de lo perdido?».

Primero había hablado de una oveja, que tiene un valor razonable. El pastor hace hasta lo imposible por hallarla.

Después había hablado de una moneda, con más poder adquisitivo que una oveja. Por consiguiente, la mujer barrerá la casa con una urgencia proporcional.

Luego, después de estos problemas de ejemplo, Jesús había presentado el examen final. Si una oveja tenía un valor de x, y una moneda de plata tenía un valor de, digamos, $10x$; entonces, ¿qué valor tenía un alma perdida? ¿Es $1.000x$? ¿$1.000.000x$? Ninguna matemática puede expresar tal suma. Arruinaría la computadora teológica.

Eso no lo enseñaban en la escuela de los fariseos. El valor de la ley lo entendían; el valor de la humanidad no era nada más que un tema ajeno.

Jesús dijo, en esencia: «Esta es la respuesta a la pregunta. El rescate de un alma perdida vale más que el oro de mil millones de galaxias; por consiguiente, es causa para la celebración de los ángeles. El rescate de un alma perdida trae al mismísimo Creador del universo gritando por un sendero para abrazarte. Dispone una celebración que nunca termina. Restaura al alma perdida a su familia. Le concede al alma el derecho de realizar negocios del reino. Invita al reino del amor y la gracia, así que ningún pecado que hayas cometido entra jamás en la ecuación. Ese es el valor de una sola alma perdida».

Jesús bien pudiera haber añadido: «Ustedes los fariseos tienen más información en cuanto a Dios que cualquiera. Son enciclopedias ambulantes de la santidad. Saben todo lo que necesitan hacer. En cuanto a Mí, yo estoy aquí para montar guardia en ese camino solitario al borde de la población, ese camino al país lejano. Yo sé el nombre de toda alma que vaga por ese camino. Conozco el dolor que todo corazón quebrantado siente. Estoy aquí para decirles lo que ustedes no les van a decir. Estoy aquí para poner un vestido blanco puro sobre sus hombros, para esconder para siempre sus harapos sucios. Estoy aquí para poner mi vida y tomar todo golpe de castigo que ellos se han ganado, porque yo puedo soportarlo y ellos no.

«Después de eso, si ustedes tan solo pasan por esa puerta abierta; haremos una fiesta que hará que el país lejano se avergüence».

Momentos *de* gracia

❧

¿Cuál personaje de la narración del hijo pródigo se parece más a usted?

¿Es usted un padre afligido por el pecado de otro? ¿Es un apartado o un alma descarriada? ¿Un ciudadano responsable y sin embargo lleno de resentimiento silencioso como el hermano mayor? O, ¿es posible que sea una combinación de los tres?

Sea cual sea su condición, recuérdese a sí mismo que vale más para Dios que el oro de mil millones de galaxias. Él le está buscando, está esperándole, cuida de usted, y quiere conducirlo a nuevos niveles de alegría, paz y fuerza. Hoy empiece su oración al Señor con estas palabras: «Amado Señor: yo soy como…», y mencione su personaje. Háblele al Señor al respecto, y sienta cómo lo eleva su gracia de amor.

CAPÍTULO CUATRO

La perspectiva
clara *de la* gracia

Fui ciego, mas hoy miro yo

❦

En una edad de gratificación instantánea, casi todo llega a estar disponible a una velocidad rápida. Uno puede recibir un correo electrónico del otro lado del mundo solo un segundo o dos después de que haya sido escrito, en vez de esperar que la anticuada carta de correos se abra paso por el laberinto del sistema postal del mundo. Uno puede perder esos horribles kilos en siete días. Uno puede ver una fotografía en el visor conveniente *antes* de que el lente abra.

Pero unas pocas cosas todavía deben alcanzarse a paso de tortuga. El cambio auténtico, de dentro hacia afuera, es una de esas cosas. La salvación es la última versión de un «nuevo usted». Si se nos ha dicho que somos una nueva criatura, uno esperaría levantarse y caminar en una vida nueva.

¿Por qué, entonces, tenemos esta inquietante sospecha de que nada en realidad ha cambiado? ¿Por qué todavía luchamos con tantos retos en la vida: palabras precipitadas, hábitos compulsivos, tentaciones seductoras? ¿Por qué no sentimos el deseo, momento tras momento, de ser todas las cosas maravillosas que Cristo ha prometido que podemos ser?

Anímese. Cada uno de nosotros que responde al nombre de cristiano es un compañero de lucha en este respecto. No hay un «horno de microondas» para la madurez espiritual. Todos tenemos que «ocuparnos en [nuestra] salvación con temor y temblor» (Filipenses 2:12).

Por ejemplo: John Newton.

Los que gustan del relato de Newton a veces se lo imaginan experimentando su momento de gracia a bordo de su barco de esclavos. Se imaginan al creyente recién iluminado que lleva la nave de regreso para devolver los esclavos y se sienta muy rápido a componer las estrofas de Sublime gracia».

La historia nos cuenta otra cosa: un relato de un traficante de esclavos que atraca en Liverpool y se enrola sin perder tiempo para otro viaje a África. Allá anduvo de factoría de esclavos en factoría de esclavos, comprándolos y almacenándolos en su barco, como de costumbre. Navegó al Nuevo Mundo y estudió su Biblia mientras doscientos esclavos se agolpaban en los entrepuentes de la bodega que quedaba debajo de él. En muchos viajes, hasta una tercera parte de esos hombres, mujeres y niños murieron. Muchos otros contrajeron enfermedades graves. Newton desembarcaba del viaje y disfrutaba del aire fresco y los campos aledaños a Charleston,

Carolina del Sur, mientras los esclavos restantes iban al mercado y a sus destinos finales en las plantaciones de arroz. Newton no compondría «Sublime gracia» sino hasta veinticinco años después de su conversión.

Para que usted no encuentre aturdidores estos hechos, es importante que entienda el contexto histórico. En ese tiempo la mayoría de los cristianos no pensaban que la esclavitud fuera un mal. La verdad es que Newton pasó diez años como traficante de esclavos, y la mayoría de ellos fueron después de su salvación.

Sin embargo, el creyente consagrado empieza a oír la voz del Espíritu Santo con mayor claridad a medida que pasa el tiempo. Empieza a ver el mundo como el Padre lo ve y a pensar con la mente de Cristo. John Newton experimentaba un horror creciente en cuanto al verdadero mal de su anterior vocación. Sus amigos empezaron a notar cuán a menudo discutía sus reservas con relación al negocio de esclavos.

El hecho era que el viejo John Newton y el nuevo eran dos hombres diferentes; y el nuevo estaba empezando a hacerse oír.

En 1788, Newton publicó un panfleto confesional de diez mil palabras, *Pensamientos sobre el tráfico de esclavos africanos*. Allí se declaró oponente de esa práctica tan antigua como la humanidad. Confesó su propia parte en el tráfico durante años y se dio cuenta de que no había nada que pudiera hacer para reparar el mal en el que había tomado parte. «Espero que siempre sea un tema de reflexión humillante para mí», escribió, «que en un tiempo fui un instrumento activo en un negocio ante el cual mi corazón ahora tiembla».

Al acercarse su muerte muchos años después, Newton indicaría que una buena parte de su memoria estaba desvaneciéndose. «Pero recuerdo dos cosas», escribió, «que yo fui un gran pecador y que Cristo es un gran Salvador».[1] Él se aferró a los dos hechos esenciales. El arrepentimiento es el preludio de la obra maravillosa de la gracia.

CON LOS OJOS BIEN CERRADOS

Recuerdo estar planeando un culto vespertino de adoración hace varios años. Nos acercaríamos a la mesa del Señor para la Comunión, y luego tendríamos el sermón. Me di cuenta con alarma de que mi texto era Romanos 1:29-32, veintidós expresiones que inventariaban la corrupción y la depravación de la humanidad, tal vez el abismo más oscuro que se halla en las Escrituras. Había algo terrible en eso de descender a este abismo después del momento inspirador de la Cena del Señor.

Lo peor que podía haber hecho hubiera sido retroceder de la insistencia de la Palabra de Dios. Más bien, me limité a cambiar el orden del culto. Prediqué sobre esos problemáticos versículos de Romanos, y *después* nos acercaríamos a la mesa. Como resultado, hubo un milagro en nuestra congregación. La experiencia de la presencia de Dios esa noche fue abrumadora. Vi la clase de lágrimas que rara vez había visto al participar de los elementos. Por cierto, yo tuve que contener mis propias emociones a fin de presidir.

¿Cómo pudo un simple cambio en el orden del culto determinar tal diferencia? Al siguiente día lo descubrí. Era lunes en la mañana, y resultó que yo estaba leyendo un libro titulado *Not the Way It's Supposed to Be: A Breviary of Sin* [No como debe ser: Breviario del pecado]. El autor, Cornelius Plantinga, hijo, indica que nos engañamos en serio nosotros mismos en cuanto a la presencia del mal en la vida. Es como a propósito quitar todas las teclas blancas del piano. Una vez que uno hace eso, las teclas blancas ya no producirán una melodía. Si editamos y sacamos el pecado de nuestra conciencia, entonces la gracia no tiene ninguna belleza ni poder para nosotros. Con el tiempo nos preguntamos para qué necesitamos un Salvador después de todo.[2]

En nuestro culto de adoración la noche anterior, resultó que lo realizamos como es debido. Enfrentamos la realidad del pecado con plena fuerza, permitiendo que el Espíritu de Dios hiciera su gentil tarea de aplicación en cada alma presente. Cuando nos acercamos a la mesa del Señor, experimentamos la obra más poderosa de su presencia y gracia que podríamos haber imaginado. Su cuerpo, partido por nosotros; su sangre, derramada por nosotros; estos ya no eran conceptos teóricos, sino realidades que penetraron profundo en el contexto del pecado muy real que había sido traído a nuestra conciencia.

Desde luego, no soy tan ingenuo que piense que todas las personas presentes participaron de la experiencia. La voz de Dios mismo puede venir fuerte y clara y, sin embargo, siempre habrá algunos que no estén sintonizados en la frecuencia debida. Pienso en el cobrador en el templo, derramando su confesión, mientras el fariseo allí cerca le observa y ora: «Dios, te doy gracias porque no soy [...] como este publicano» (Lucas 18:9-14). Con certeza hubo algunos en nuestro santuario que oyeron el menú de pecados de Romanos y se los aplicaron a todos, excepto a ellos mismos.

Como Mark McMinn lo dice: «Parte de nuestro desastre es no saber que somos un desastre».[3] Vivimos vidas tranquilas, y nunca robamos un banco ni cometemos un asesinato. Ninguno de nosotros ha estado empleado como traficante de esclavos ni ha guardado los vestidos de los que apedreaban a un mártir. Confundimos calma con santidad. Se ha observado en estudios que la persona promedio piensa que es mejor que la persona promedio.[4] Somos ciegos a nuestra propia ceguera.

Es el fariseo en el templo, engreído en su presunta justicia, lo que le preocupa a Pablo en el capítulo 2 de su Epístola a los Romanos. Él conoce a muchos de ellos; él ha sido uno de ellos.

Empieza su Epístola a los Romanos con un sermón poderoso contra la maldad clara del mundo. Cualquier dirigente judío hubiera estado de pie y aplaudiendo, gritando «amén» a cada frase, a cada condenación. Les encantaba oírle atacar a esos gentiles mundanos.

Pero entonces tendrían que llegar a la siguiente sección: Romanos 2. La esquina del amén se queda en silencio estupefacta, porque entonces Pablo levanta su dedo acusador contra los «justos». Él usa la misma expresión para resumir la posición de ellos ante Dios: «no tienen excusa» (Romanos 1:20).

Los judíos de aquel tiempo pensaban que andaban con orgullo a la luz del favoritismo de Dios, mientras que los gentiles ciegos a su alrededor tropezaban. Con razón no les gustó cuando Jesús les dijo que ellos también eran ciegos: un ciego guiando a otros ciegos, según los describió. Esa combinación, dijo, acabará en que todos caerán en el hoyo (Lucas 6:39).

OJOS ABIERTOS DE PAR EN PAR

La palabra que mejor describe la forma en que Pablo comienza en Romanos 2 es *diatriba*. Esto era un argumento presentado mediante un debate vivaz con alguien, real o imaginario, que le interpela. Pablo dominó este método en sus viajes e introdujo ideas nuevas e inaceptables a las sinagogas tradicionales. Alguien podría decir: «¡Ja! Tienes un problema con tu teoría...». Y Pablo entonces le contestaría al objetor; una especie de técnica de los medios de entretenimiento para tratar con ideas abstractas. Piense en dos luchadores profesionales en la televisión, lanzándose provocaciones teológicas agresivas.

La posición de Pablo era algo así como: «¿Así que piensas que estás encumbrado y eres poderoso, que eres un favorito de Dios? Será mejor que compres un seguro contra rayos, y es por esto».

El «porqué» resulta ser el *juicio*. Pablo usa alguna forma de esa palabra siete veces en tres versículos.

Más importante todavía, en dieciséis versículos presenta seis ejemplos para el autoexamen. Como el clásico sermón de Jonathan Edwards: «Pecadores en las manos de un Dios airado», estos versículos rehúsan recubrir de azúcar la verdad. Presentan la idea de que la visión de uno puede estar nublada, pero uno puede descansar seguro de que la vista de Dios es 20/20. «Y no hay cosa creada que no sea manifiesta en su presencia; antes bien todas las cosas están desnudas y abiertas a los ojos de aquel a quien tenemos que dar cuenta» (Hebreos 4:13).

El juicio de Dios es de acuerdo con la realidad

Por tanto, no tienes excusa tú, quienquiera que seas,
cuando juzgas a los demás, pues al juzgar a otros te
condenas a ti mismo, ya que practicas las mismas cosas.
—Romanos 2:1, NVI

Así es como la Nueva Versión Internacional lo traduce. Donald Grey Barnhouse produjo su propia versión de este versículo: «Tú, tonto, ¿de veras piensas que has encontrado el truco que te permitirá oponerte a Dios y salirte con la tuya? No tienes ni el menor asomo de oportunidad».[5]

Eso es lo que queremos decir con diatriba, y haría que la mayoría de los predicadores fueran despedidos en estos días. Pero Pablo introduce tal pasión en este tema como uno podría tenerla solo cuando lo ha practicado. Asume que si estas personas tienen la vista defectuosa, será mejor que escriba con letras grandes; si son sordos, será mejor que grite. Al leer estos versículos en la Biblia y captar de veras lo que están diciendo, nuestros dedos casi sienten que la página los quema.

El hipócrita, nos dice Pablo, es intolerante de forma total con los pecados de cualquiera excepto los propios. Pero lo más contundente es la idea que se halla en *Hamlet*, de Shakespeare: «La señora protesta demasiado, pienso». En otras palabras, mientras más fuerte gritas, lo más probable es que estés intentando alejar de ti la atención. Tu condenación, según Pablo, en realidad te condena *a ti*.

Lo llamamos hipocresía. Pablo está diciendo: «Eres culpable de todo lo que criticas».

Pero, de seguro, ese rótulo no se aplicaría a usted ni a mí, ¿verdad? Usted vio a todos aquellos saqueadores después de los huracanes y sintió indignación justa; y usted no es culpable de saquear. Vio un documental por televisión en cuanto a la propagación de la permisividad sexual, y sintió disgusto; y no ha participado en tal vida licenciosa. Usted se alegró cuando atraparon a aquel asesino; pero ha resistido la tentación de matar a alguien, ¡incluso a aquel vecino más abajo en su calle que le hace hervir la sangre! A decir verdad, a usted le gustaría...

Un momento: tal vez *de eso* es de lo que Pablo está hablando.

Jesús nos dijo durante el Sermón del Monte que nuestro enojo equivale a homicidio, y que nuestra lujuria equivale a adulterio, y que en lo básico nuestros pensamientos más internos nos hacen convictos. Esa es una idea que asusta. Imagínese a los investigadores de la escena del crimen examinando sus pensamientos más internos en busca de evidencia. ¿Quién entre nosotros sería justo? Por consiguiente, sí, Pablo puede decir: «Tú que juzgas practicas lo mismo». Y, sí, se aplica a usted y a mí, y a la crema y nata religiosa que eran los blancos de la diatriba de Pablo.

El juicio de Dios es de acuerdo con la integridad

Mas sabemos que el juicio de Dios contra los que practican tales cosas es según verdad. ¿Y piensas

esto, oh hombre, tú que juzgas a los que tal hacen, y
haces lo mismo, que escaparás del juicio de Dios?
—Romanos 2:2-3

¿Cuántos de nosotros disculparíamos a John Newton por traficar con esclavos? Sé que yo lo hice. Después de todo (nos recordamos), él vivió en una era sin iluminación. Él nada más siguió la corriente.

¿Cómo, entonces, unos cuantos que viven dentro de los prejuicios de su tiempo se las arreglan para dar dos pasos gigantescos por delante de la multitud y proclamar que algo es malo, aunque el mundo diga que está bien? Newton lo hizo. También otros pocos de su tiempo.

¿Cuál es la fuente de esa voz insistente que se levanta por encima de la conciencia social entera de nuestro tiempo? El mero susurro del Espíritu Santo puede ahogar la atronadora voz de un mundo entero. Newton llegó al punto en que tuvo que atreverse a dar un paso atrás y mirar a su vida anterior y condenarla. ¿Cuántos tendríamos tal valentía? Quizá ninguno sin la fuerza sustentadora del Espíritu Santo.

«El hombre mira lo que está delante de sus ojos, pero Jehová mira el corazón» (1 Samuel 16:7). Pablo recalca este mismo punto en Romanos 1. En las palabras de la Versión Popular: «Pues lo invisible de Dios se puede llegar a conocer, si se reflexiona en lo que él ha hecho. En efecto, desde que el mundo fue creado, claramente se ha podido ver que él es Dios y que su poder nunca tendrá fin. Por eso los malvados no tienen disculpa» (Romanos 1:20, DHH).

Para los creyentes la voz del Espíritu Santo toma precedencia; pero incluso en los que nunca han oído el Evangelio, hay una conciencia que se recibe como parte del equipo estándar de la maquinaria humana.

El juicio de Dios mide nuestra integridad, así que nadie puede decir: «Todo el mundo lo hacía». Ningún soldado de la cruz puede decir:

«Yo estaba nada más que obedeciendo órdenes», a menos que las órdenes en verdad vengan de esa voz de autoridad que Dios ha colocado en sus seguidores.

El juicio de Dios es de acuerdo con la oportunidad

¿O menosprecias las riquezas de su benignidad, paciencia
y longanimidad, ignorando que su benignidad te guía al
arrepentimiento? Pero por tu dureza y por tu corazón
no arrepentido, atesoras para ti mismo ira para el día
de la ira y de la revelación del justo juicio de Dios.
—Romanos 2:4-5

«Escuchen», dice Pablo. «Ustedes, ciudadanos rectos, morales, han estado disfrutando del lujo de toda ventaja posible; y ustedes las descartan como si pecar contra Dios no fuera nada».

¿Cuáles ventajas? Pablo menciona tres: la bondad de Dios, su tolerancia y su paciencia. Estas son expresiones de un amor infinito que jamás puede ser merecido, ni se puede ganar, y *por cierto* jamás se debe dar por merecido.

Considere este mundo, repleto de personas que vivieron y murieron sin que se les dijera ni la menor palabra en cuanto a Jesucristo. La inmensurable riqueza de sus enseñanzas y el conocimiento liberador de su muerte y resurrección fueron desconocidos para ellos. Vivieron y murieron en la oscuridad.

Entretanto, somos nosotros los que vivimos en la luz. El pleno testimonio de la revelación de Dios y el pleno consejo de su bondad han estado a nuestra disposición todo el tiempo y, sin embargo, nosotros los deshonramos. Biblias que no se leen acumulan polvo en nuestros anaqueles, cuando hay personas en otros países que darían todo lo que tienen por un gastado Nuevo Testamento.[6]

La bondad que Dios ha derramado sobre usted y sobre mí es tan inequívoca como el sol de un día de verano, tan prevaleciente como el oxígeno en el aire. ¿Cómo podemos vivir como si fuéramos independientes por completo de su bondad?

O, ¿cómo podemos describir a personas tan ajenas al mayor favor de Dios? Pablo llama a este problema «obstinación» (v. 5). La palabra griega es *sklerotés*, que es la raíz de nuestro término médico *esclerosis*. La arteriosclerosis es el endurecimiento de las arterias, en el caso del corazón físico. Pero cuando hablamos de un corazón espiritual, también tiene arterias que pueden endurecerse. ¿Qué puede producir tal condición? Habría muchas respuestas, pero en esto podemos concordar: cualquier persona que es capaz de ignorar la bondad, la tolerancia y la paciencia de Dios sufre en forma crónica de esa condición.

El juicio de Dios es de acuerdo con la moralidad

El cual pagará a cada uno conforme a sus obras; vida eterna
a los que, perseverando en bien hacer, buscan gloria y honra
e inmortalidad, pero ira y enojo a los que son contenciosos y
no obedecen a la verdad, sino que obedecen a la injusticia;
tribulación y angustia sobre todo ser humano que hace
lo malo, el judío primeramente, y también el griego.
—Romanos 2:6-10

Jesús dijo: «Porque el Hijo del hombre vendrá en la gloria de su Padre con sus ángeles, y entonces pagará a cada uno conforme a sus obras» (Mateo 16:27). A decir verdad, la Biblia está repleta de recordatorios de que viene una hora de rendir cuentas. Si su Biblia fuera un libro de citas (y de cierta manera lo es), tendría etiquetas adhesivas cayéndose de cada página, recordándole que debe alistarse para su cita con el destino. Si su Biblia fuera un reloj (y de cierta manera lo es), su despertador sonaría cada pocos minutos para recordarle que debe empezar a alistarse. Pero usted y yo tendemos a oprimir el botón secundario del despertador para seguir durmiendo. Decimos medio dormidos: «Apenas unos minutos más para descansar».

El comentario de Pablo respecto a ese día del juicio es este: usted no recibirá ningún crédito por el número de Biblias que tenga. La prueba de la responsabilidad no será una «esgrima bíblica» en la que demostraremos cuántos versículos hemos aprendido de memoria. La prueba más bien será una inspección de hasta qué punto esas Escrituras han penetrado en nuestras vidas. Será una inspección del fruto: ¿qué ha florecido de los botones de los años que se le concedieron en este planeta?

Es la obediencia a Dios, y no el conocimiento acerca de Él, lo que hará que se nos apruebe o repruebe. A decir verdad, en realidad tal vez nos iría peor si somos los campeones de la esgrima bíblica. Porque «desobedecer la ley que en forma constante se está haciendo resonar en los oídos de uno hará la condenación mucho más severa».[7]

El juicio de Dios es con imparcialidad

*Porque no hay acepción de personas para con Dios. Porque
todos los que sin ley han pecado, sin ley también perecerán;
y todos los que bajo la ley han pecado, por la ley serán
juzgados; porque no son los oidores de la ley los justos ante
Dios, sino los hacedores de la ley serán justificados.
Porque cuando los gentiles que no tienen ley hacen por
naturaleza lo que es de la ley, éstos, aunque no tengan
ley, son ley para sí mismos, mostrando la obra de la ley
escrita en sus corazones, dando testimonio su conciencia,
y acusándoles o defendiéndoles sus razonamientos.*
—Romanos 2:11-15

En su libro *Mere Christianity* [Mero Cristianismo], C. S. Lewis hace la misma observación que Pablo destaca en este pasaje. ¿No es interesante, comenta Pablo, cómo estos gentiles imitan tantos aspectos de la ley hebrea, aunque nunca la hayan oído? Ellos «muestran que llevan escrito en el corazón lo que la ley exige, como lo atestigua su conciencia» (v. 15).

En cuando a Lewis, señala que en medio de un argumento se nota que la gente apela a alguna norma de equidad. Dicen: «¿Cómo te caería si alguien te hiciera eso a ti?», o: «Yo te ayudé, así que tú debes ayudarme». Tómese a cualquier ateo y él apelará con regularidad a estándares universales, igual que cualquier otra persona. Cada vez que él dice: «Eso no es justo», todo lo que está haciendo es condenar su propia filosofía.

El punto revelador es que cuando hacemos estas apelaciones a estándares, nadie jamás cuestiona su existencia. Pueden tratar de hallar subterfugios, pero nunca dicen: «No hay estándares, no hay bien ni mal». Si en realidad creyéramos que no hay reglas, dice Lewis, no tendríamos otro recurso que lanzarnos unos sobre otros como bestias y destrozarnos. Más bien, peleamos; y no puede haber pelea a menos que alguien haya establecido reglas para gobernar la disputa.[8]

Incluso los impíos muestran «que llevan escrito en el corazón lo que la ley exige» (v. 15). Por librepensadores que crean que son, sus conciencias siguen dándoles testimonio.

El juicio de Dios es de acuerdo con una certeza

En el día en que Dios juzgará por Jesucristo los secretos de los hombres, conforme a mi evangelio.
—Romanos 2:16

El Señor examina todo corazón y discierne toda intención, según 1 Crónicas 28:9. ¿Cuán necios debemos ser para regatear con Él, para presumir delante de Él, o para hablarle de alguna manera que no sea la sinceridad absoluta? El Espíritu de Dios mora entre los archivos de su mente. Él sabe el inventario de los pelos de su cabeza, y las horas, minutos y segundos de su vida. Cuando se comprenden de verdad las implicaciones de eso, nos llenaría un temor incontrolable si el carácter del Señor no fuera bondadoso, paciente y tolerante. ¿A quién más podríamos confiarle el contenido de esos archivos? ¿A quién, si no al que es perfecto en lo absoluto y amor incondicional en lo infinito?

Sin embargo, pretendemos esconder todo pensamiento de los ojos de Dios. Søren Kierkegaard, un filósofo danés del siglo diecinueve, observó a una joven de dieciséis años el día de su confirmación. La colmaron de regalos, entre ellos un Nuevo Testamento en encuadernación decorativa.

Kierkegaard reflexionaba en el hecho de que nadie en realidad esperaba que la joven leyera jamás la Biblia; lo que se le daba era nada más que un ornamento, una tramoya social. En el mejor de los casos, la intención del dador sería que si la joven alguna vez se hallaba en una necesidad emocional, tuviera el Nuevo Testamento al alcance de la mano. Sin embargo, dentro de los límites de tal vida, concluía el filósofo, una verdadera lectura de esas Escrituras proveería cualquier cosa menos consuelo; sugeriría errores mucho más grandes que cualquier cosa que la hubiera llevado a abrir esas páginas, para empezar.

La conclusión de Kierkegaard era que en lugar de vivir en una hipocresía tan peligrosa, debemos andar por la ciudad, recoger toda Biblia, y arrastrar toda la carga a la cumbre de alguna montaña en donde podamos decirle a Dios: «¡Tómalo de regreso, este libro! ¡De lo único que somos capaces es de hacernos nosotros mismos desdichados con él!».[9]

Para el profeta Ezequiel, es como si nos sentáramos en la iglesia con una sonrisa bobalicona y disfrutáramos la cadencia de la predicación del predicador, la entonación de su voz, y el bello sonido de la traducción de la Biblia que ha escogido. En otras palabras, todo se vuelve música sin letra para nosotros. Es la Palabra de Dios como música de ascensor, llena de sonido y furia, pero sin ningún significado. Como el profeta lo dice: «Y he aquí que tú eres a ellos como cantor de amores, hermoso de voz y que cantas bien; y oirán tus palabras, pero no las pondrán por obra» (Ezequiel 33:32).

Señor, líbranos de ese vacío autoimpuesto. Tal vez Kierkegaard tenga razón; tal vez sea mejor devolver nuestras Biblias antes que permitir que se conviertan en ornamentos elegantes de vidas sin examinar. Ayúdanos a oír todo fragmento eterno e inspirador de verdad que brote de la revelación de la Palabra de Dios. Ayúdanos a mirar todo detalle de lo que el Espíritu quiera que veamos. De otra manera seremos ciegos en verdad; un largo desfile de ciegos que felices se conducen unos a otros a un pozo tan profundo como los abismos de fuego.

Podríamos ser tan ciegos como los personajes del cuento de Hans Christian Anderson: «El traje nuevo del emperador». Al rey le encantaba la ropa hermosa, pero era tan ingenuo como vano. Sin poder evitarlo cayó presa de unos farsantes que prometieron tejerle un traje de un hilo tan raro que solo los puros de corazón podrían verlo. El emperador pagó una fortuna por su nuevo traje, y los impostores fingieron tejerlo con laboriosidad. Ninguno de los consejeros reales quiso admitir que no podían ver ni un solo hilo en el telar. Dieron informes esplendorosos de la belleza de la tela.

Todo culminó cuando los astutos tejedores «vistieron» al emperador desnudo en su traje flamante. Luego se escaparon de la población con las ganancias. Se hizo un anuncio: habría un desfile real, y solo los puros de corazón debían asistir, porque solo ellos podrían apreciar la ropa especial que el emperador iba a llevar.

La asistencia fue nutrida, puesto que todos creían que reunían las condiciones. Pero ¿quién iba a dar voz al espectáculo que sus ojos veían? Se necesitó de un niño pequeño para descubrir todo el engaño. En voz alta proclamó que el emperador no tenía ropa.[10]

En Romanos 2, Pablo se convierte en ese niño. Él va a la exhibición de modas de la santidad y dice que no ve nada excepto moralistas desnudos. Pero el mensaje nunca cae bien. La gente prefiere que no la despierten de su ilusión. Desesperadamente queremos ver esos hilos hermosos. Queremos oír música tranquilizante cuando se proclama la Palabra de Dios. Queremos mirarnos nuestros propios pechos y verlos cubiertos de medallas por cada logro de pureza espiritual, por encima y más allá del deber, de modo que no haya día del juicio para nada; más bien, los ejércitos de los cielos harán un banquete testimonial en honor de nosotros.

Las escamas cayeron de los ojos de John Newton, pero solo después de años de lucha interna. Tuvo que aprender a ver y a oír. Tuvo que aprender a pensar con la mente de Cristo. Alabado sea Dios que llegó el día en que él pudo cantar: «Una vez fui ciego, pero ahora veo». Pablo también se levantó del suelo después de su incidente en el camino a Damasco. Se limpió el polvo y reflexionó en las palabras de Cristo que acababan de tronar sobre él desde el cielo. Sin embargo, no hubo santidad instantánea entregada por un mensajero angélico. Para subrayar su necesidad, Dios lo dejó ciego. Pablo quedó dependiente en forma total de cierto hombre en una cierta población para que cuidara de él. Para Pablo, la ceguera fue uno de los requisitos para ver.

El Espíritu Santo no le permitirá que se quede contento con su ceguera. No se lo permitió a Pablo, ni se lo permitió a John Newton. Tenga por cierto que no se lo permitirá a usted. Él anhela abrir las cortinas y permitir que entre la luz que hará que su mundo reluzca con todos los brillantes colores del paraíso.

Solo esté prevenido: le llevará un tiempo para que sus ojos se acostumbren cuando la luz inunde el cuarto oscurecido. Incluso la belleza de la luz pura es dolorosa al principio. Pero incluso en ese momento, incluso cuando nuestra desnudez espiritual se pone dolorosamente al descubierto, sabemos que nuestra vergüenza es solo momentánea. Sabemos que estamos vestidos de la gracia que supera toda mancha.

En las palabras del himno de Clara H. Scott:

> *Abre mis ojos a la luz,*
> *Tu rostro quiero ver, Jesús;*
> *Pon en mi corazón tu bondad*
> *Y dame paz y santidad.*
> *Humildemente acudo a ti*
> *Porque tu tierna voz oí;*
> *Mi guía sé, Espíritu consolador.*

Momentos *de* gracia

❧

Este capítulo advierte que nos engañamos en serio nosotros mismos en cuanto a la presencia del mal en nuestras vidas. Por naturaleza no estamos sintonizados con la frecuencia divina, y nos parecemos mucho al fariseo que se justificaba a sí mismo según Lucas 18:9-14, sin darnos cuenta del desastre en que estamos.

Al concluir este capítulo, ore con fervor; incluso puede arrodillarse y dedicar un momento para escribir estas palabras como pacto con Dios. Salmos 139:23-24: «Examíname, oh Dios, y conoce mi corazón; pruébame y conoce mis pensamientos. Y ve si hay en mí camino de perversidad, y guíame en el camino eterno».

Pero, ¡esté precavido! Si usted eleva esto como su oración ferviente ante el Señor, ¡apréstese! Dios quiere dirigir el reflector de su Espíritu a su vida para mostrarle los elementos de actitud y conducta que es preciso confesar y de los cuales debe arrepentirse. Puede ser desalentador al principio, pero el resultado será una vida más rica con mayor comprensión de su sublime gracia.

CAPÍTULO CINCO

La provisión consoladora de la gracia

*Su gracia me enseñó a temer,
mis dudas ahuyentó*

❧

E V. Hill era un talentoso predicador negro del Evangelio. Un afroamericano que de verdad nació en una cabaña de troncos. Empezó una iglesia en medio del distrito explosivo de Watts en Los Ángeles, y toda su vida determinó una diferencia.

Nunca olvidaré el día en que le oí predicar un sermón en una conferencia en el Instituto Bíblico Moody. El título era: «¿Qué tiene uno cuando tiene a Jesús?» Cada uno de los doce puntos de su sermón cobró vida con el poder de ilustraciones que todavía puedo repetir de memoria. Nos mantuvo boquiabiertos.

Mientras el pastor explicaba un punto en particular en cuanto a las bendiciones, se dirigió a una mesita llena de libros galardonados que repartiría más tarde. El Dr. Hill explicó que a veces Jesús extendía su mano hacia abajo a alguien y le bendecía sin ninguna razón.

El Señor dice: «¡Toma, recibe esto!». Y mientras el Dr. Hill decía esas palabras, tomó un libro del montón, y lo lanzó al público. Luego dijo: «Oh, usted, ¡tome este!». Y arrojó otro volumen.

Al fondo del montón resultó que había una lujosa Biblia Ryrie de estudio. El Dr. George Sweeting, entonces presidente del Instituto, corrió hacia adelante y rescató la Biblia Ryrie antes de que pudiera convertirse en la siguiente bendición.

Doce puntos memorables.

Al año siguiente, el Dr. Hill volvió para hablar otra vez en esa conferencia anual. Las primeras palabras que dijo fueron: «¡Número trece!».

Todavía estaba predicando el mismo sermón.

Es verdad. Una vez que uno empieza a hablar de lo que tiene si tiene a Jesús, hay que prepararse para una explicación larga. Se puede hablar de eso para siempre. Y uno podría usar Romanos 5 como punto de partida. Todas las riquezas aparecen relacionadas allí. Antes, sin embargo, uno necesita dar un paso atrás y darse cuenta de la gama emocional que Pablo ha traído a esta conversación.

El capítulo 1 de Romanos es en verdad aterrador: un documental en pantalla amplia de la maldad del mundo.

El capítulo 2 cubre a cualquiera que se haya quedado fuera del primero; es decir, los «no perversos» (por lo menos los que aducen serlo). La crema y nata religiosa no tiene excusa, anuncia Pablo.

Si los fariseos se pusieron de pie y aplaudieron durante el capítulo 1, se sentaron aturdidos en silencio en el capítulo 2. Pablo bien podría haber estado hablando en un cuarto vacío para el capítulo 5. Eso sería desdichado, porque hay un cambio sísmico en el tono aquí. Pablo ahora proclama las noticias más emocionantes en toda la historia del mundo.

Tiene sentido. El final feliz de un cuento clásico es solo impactante cuando el héroe ha luchado contra enemigos mortales. En la terminología de Newton, nuestros corazones deben ser presas del temor antes que esos temores puedan recibir alivio. En los capítulos iniciales de Romanos, Pablo ha atenuado las luces y ha relatado un cuento de terror hasta que su negrura y lobreguez se vuelve insoportable. Lo más terrible de ese cuento de horror es que nosotros mismos somos los protagonistas. Ahora Pablo aumenta la intensidad de las luces y cuenta la parte del cuento que habíamos estado esperando oír; aunque es mucho más maravillosa y mucho más satisfaciente de lo que nuestras débiles imaginaciones pudieran haber pintado.

LAS SIETE MARAVILLAS DE LA GRACIA

Piense en el inicio de Romanos como la narración que Pablo hace de un viajero, un buscador de tesoros. Este aventurero ha luchado por un camino oscuro lleno de desventuras. En toda esta lucha y pelea se ha vuelto culpable. Todo crimen al que Pablo alude puede ponerse a los pies de este buscador. Está atrapado en un círculo vicioso de mal del cual parece no haber escape.

La aventura nunca debía haber resultado de esa manera. Cuando empezó, el viajero pensaba que era un campeón. Pensaba que podía vencer cualquier obstáculo y derrotar a cualquier enemigo. Ahora está humillado y casi al punto de que lo derroten. Oye detrás de sí el ruido del enemigo, acercándose cada vez más. El enemigo es la muerte misma, que llega para aplicar la ejecución por los muchos crímenes de este fugitivo. El viajero se debilita cada vez más mientras trata de huir; sus brazos y piernas se enredan en los bejucos de la selva y hay arena movediza por todas partes.

El viajero sabe que le falta la fuerza para seguir corriendo, para seguir luchando, para seguir levantándose a sí mismo de todo agujero. Está listo para rendirse a este enemigo implacable que lo persigue.

Entonces, justo antes de darse por vencido, el desesperado viajero se topa con una vista impresionante. Hay un claro repentino, cortado en forma perfecta por entre los árboles, los matorrales y los bejucos. El claro parece ser una larga hilera hasta que descubre otra larga hilera que lo cruza. El claro está abierto en forma de una gran cruz.

El buscador entra al claro y de inmediato se siente seguro. La muerte no puede entrar en un lugar de tal luz. En el centro de la cruz hay una mesa con siete artículos encima: las siete maravillas de la gracia.

Después de su larga búsqueda, ha descubierto la riqueza de la herencia de Cristo. Estos son los antiguos tesoros que toda alma ha estado buscando desde el principio del tiempo, incluso los que nunca se dieron cuenta del objeto de su búsqueda.

Estos tesoros son la herencia de todos y cada uno que pueda apropiarse de ellos. Sin embargo, son muy pocos los que lo han hecho. Volviéndose para examinarlos, el viajero ve estas cosas: un pergamino, una llave, una caja de música, un capullo, una botella, un mapa y una trompeta. Con certeza cada uno tiene un significado especial y un propósito especial.

Para hallar la solución a cada rompecabezas, debemos leer Romanos 5:1-11.

Primer tesoro: Un pergamino

> *Justificados, pues, por la fe, tenemos paz para con Dios por medio de nuestro Señor Jesucristo.*
> —Romanos 5:1

Por la forma en que los siete tesoros están agrupados, está claro que uno está puesto frente a los demás. Es un pergamino, enrollado y atado con una cinta de seda. Cuando el viajero lo desenvuelve y lee el texto del documento, observa que este artículo en verdad es muy viejo. El encabezamiento del pergamino dice: *Justificado,* declarado justo.

E inmediatamente debajo de esa línea, halla su propio nombre.

El que tiene este documento será, por él, absuelto de toda culpa, en forma absoluta y sin excepción. Ningún pecado pasado se esgrimirá en su contra. La fraseología griega de este documento antiguo indica en forma clara que la justificación del viajero es algo que ya ha ocurrido: ¡es una acción completada, negocio hecho! El buscador juzgaría que este documento tiene unos dos mil años; pero es tan duradero e indestructible como la misma eternidad.

La tinta es roja. Solo con la sangre del propio Hijo de Dios se pudo haber escrito y ejecutado tal orden. Cuando el Señor Dios emite una proclamación, es irreversible. Él no cambia de parecer. ¿Puede imaginárselo? El que tiene tal proclamación no necesita hacer nada para ganarse o para mantener su inocencia. Se ha establecido y proclamado eso de una vez por todas.

La justificación quiere decir que la guerra se ha acabado. Antes de la cruz y antes del amor de Cristo, éramos prisioneros de nuestra propia naturaleza autodestructiva. No había nada que pudiéramos hacer para quitar las acusaciones de culpa que pesaban sobre nuestras cabezas.

El viajero siente un asombroso sentido de paz como nunca antes había sentido. Este empieza a recorrer todo su ser mientras oprime el pergamino contra su pecho. Se da cuenta de que sus hombros estaban hundidos y débiles por la carga invisible que había estado llevando. Ahora la carga ha caído, y su espalda se siente joven y fuerte de nuevo. *Paz*: un cese del fuego en la guerra santa.

La letra menuda del documento revela que esta clase de paz no implica una vida fácil. Por el contrario, el buscador sabe que hay muchas aventuras y muchas batallas emocionantes todavía por venir. La paz no es un mero sentimiento, sino un estado de realidad. La palabra hebrea para ella es *shalom*, la condición en la cual se puede vivir mejor la vida. Esa paz, de acuerdo con la comprensión judía, es la salvación vivida en la práctica aquí mismo en la tierra.

Hay paz debido a que el gran enemigo, la Muerte, ya no puede perseguirlo. Está en paz con Dios, libre para andar en triunfo antes que agazaparse por temor. Ahora es siervo de Dios antes que su prisionero. «Y a vosotros también, que erais en otro tiempo extraños y enemigos en vuestra mente, haciendo malas obras, ahora os ha reconciliado en su cuerpo de carne, por medio de la muerte, para presentaros santos y sin mancha e irreprensibles delante de él» (Colosenses 1:21-22).

Esta es la clase de paz que Pablo describiría de nuevo en otra carta:

«Por nada estéis afanosos, sino sean conocidas vuestras peticiones delante de Dios en toda oración y ruego, con acción de gracias. Y la paz de Dios, que sobrepasa todo entendimiento, guardará vuestros corazones y vuestros pensamientos en Cristo Jesús» (Filipenses 4:6-7).

El viajero coloca el documento de la paz dentro de su camisa, en donde, como Pablo dice, guardará su corazón y su mente en Cristo Jesús. Este tesoro es el que hace posibles todos los demás. Sin el pergamino de justificación, el viajero nunca podría apropiarse de los otros seis que están justo más allá de él.

Segundo tesoro: Una llave dorada

> *Por quien también tenemos entrada por la fe*
> *a esta gracia en la cual estamos firmes.*
> —Romanos 5:2

El viajero levanta una pequeña llave de oro. ¿Dónde estará la puerta que abre?

Mientras la tiene ante sus ojos, empieza a *sentir* la respuesta dentro de su alma y una expresión de asombro se escapa de sus labios. Esta no es la llave de ningún palacio ni almacén terrenal. Por medio de la cruz hay un nuevo principio que opera en su vida y en la nuestra. Ahora tenemos libre acceso a la gracia de Dios; la misma gracia que ya nos ha declarado justificados. Es como si el juez hubiera firmado el documento y luego nos hubiera invitado a casa con él antes de decirnos que sigamos nuestro camino. El acusador es ahora un amigo querido que desea disfrutar de nuestra compañía.

La palabra *acceso* se usa solo tres veces en el Nuevo Testamento, y siempre se refiere al acceso del creyente a Dios por medio de Jesucristo. La gracia son las riquezas de Dios derramadas en abundancia sobre nosotros que, apenas momentos antes, estábamos acusados. El prisionero condenado a muerte, de entre todas las personas, se ha ganado el premio mayor: el amor de Dios no buscado, inmerecido e incondicional. Como el viajero, nosotros también andábamos corriendo por esa selva, siempre imaginándonos la cara furiosa del Juez que nos sentenciaría. Nos imaginábamos que estaba de acuerdo con la Muerte, nuestro perseguidor.

Sin embargo, resulta que el Juez nos ha estado persiguiendo por amor antes que por venganza. Su cara es compasiva antes que furiosa. Finalmente Él paga el precio más alto imaginable a fin de proveer esa declaración de justificación que permitirá la restauración a su propia familia.

Una vez que esto se ha logrado, hay una nueva manera de vivir. Tenemos acceso a todas las riquezas de la gracia. Esta llave, en manos del viajero, representa el hecho de que el Padre está diciendo: «Olvida el pasado. Todo lo que tengo es tuyo».

Se debe entender la gracia como una *posición*, tal como Pablo lo indica en Romanos 5:2. Es una condición permanente antes que algo momentáneo. Como John Stott lo dice: «Nosotros no entramos y salimos de la gracia. [...] No, estamos en ella, porque esa es la naturaleza de la gracia. Nada puede separarnos del amor de Dios».[1]

Tercer tesoro: Una cajita de música

Y nos gloriamos en la esperanza de la gloria de Dios.
—Romanos 5:2

Mientras el viajero se prepara para contemplar más de las siete maravillas de la gracia, reflexiona en la eternidad de estos tesoros.

El pasado: Justificación por lo que hemos hecho.
El presente: Acceso a la gloria de Cristo.
El futuro: Promesa de la gloria venidera.

Este tercer tesoro está representado por una cajita de música. ¿Por qué tan extraña selección para esta maravilla?

Pablo está diciendo que la promesa de la gloria por venir es una razón para la celebración. Es como el padre que hace una fiesta cuando el pródigo regresa. Es como John Newton al decidir que sus emociones con relación a la gracia pueden hallar la forma apropiada solo en un himno triunfante. Es Pablo diciendo: «Regocijaos en el Señor siempre. Otra vez digo: ¡Regocijaos!» (Filipenses 4:4). ¿Y, es incluso posible alegrarse sin que la música intervenga?

Las palabras de Pablo vienen del griego *kaukaomia* que, en forma interesante, significa jactarse. Esto no es fanfarronería descarada, sino júbilo desbordante. Y tenemos permiso para esta jactancia, porque todo se trata de Dios y no nosotros. Estamos celebrando que el sueño del futuro que Dios nos ha prometido, de cierto que se hará realidad.

«Mas el que se gloría, gloríese en el Señor» (2 Corintios 10:17).

Ah, con cuánta mayor frecuencia celebraríamos, y qué jubilosas serían nuestras iglesias, si prestáramos más atención a los susurros del futuro que se ven en estas páginas bíblicas, susurros de esperanza en cuanto a la gloria que nos espera por delante. «A quienes Dios quiso dar a conocer las riquezas de la gloria de este misterio entre los gentiles; que es Cristo en vosotros, la esperanza de gloria» (Colosenses 1:27).

Pablo nos dice: «Cuando Cristo, vuestra vida, se manifieste, entonces vosotros también seréis manifestados con él en gloria» (Colosenses 3:4). La gloria está solo en Cristo, pero nosotros participaremos de sus riquezas de una manera culminante. Esta será la culminación de todas nuestras esperanzas, y la alegría a la cual todas nuestras vidas han apuntado.

¿Ha notado usted que las alegrías más dulces a veces vienen en la expectativa de algo? Es la mañana de Navidad para un niño, la boda o el hogar futuro para la pareja joven, e incluso la simple expectativa de un baño caliente cuando uno ha estado paleando nieve en temperaturas bajo cero. Estas son alegrías todavía por venir, y eso hace que un pequeño temblor de placer nos recorra el cuerpo.

Es como una caja de música que tiene una melodía encantadora de un país lejano, uno que está por delante. Una caja de música es solo una máquina sencilla; no puede sugerir lo que la orquesta completa puede producir. Pero es un recordatorio, y nuestra imaginación hace el resto. Este es un tesoro preciado en verdad, un tesoro que ofrece esperanza, y el viajero lo atesora.

Cuarto tesoro: Un capullo

> *Y no solo esto, sino que también nos gloriamos en las*
> *tribulaciones, sabiendo que la tribulación produce*
> *paciencia; y la paciencia, prueba; y la prueba, esperanza.*
> —Romanos 5:3-4

El siguiente tesoro es por cierto el más curioso hasta aquí. ¡Es un capullo! El viajero se pregunta si eso podría en realidad ser un tesoro. Al levantarlo con suavidad, siente un pequeño escozor de dolor en la mano. Sabe de inmediato que este va a ser muy diferente al de la encantadora caja de música. Lo observa más de cerca.

Pablo ha estado hablándonos de la gloria. Esa es una palabra excelente. ¡*Gloria!* ¿Qué podría ser más positivo?

Pero aquí Pablo la mezcla con *sufrimientos*. No nos gusta como suena eso. ¿No es esa la palabra que siempre está en compañía de *pruebas*? ¿Por qué debemos «gloriarnos» en las pruebas y tribulaciones? No tenemos gula de castigo. ¿En dónde está el júbilo allí?

El viajero ya se ha dado cuenta de que la paz recibida en el primer tesoro no es garantía de una vida fácil. ¿Cómo podría tener una aventura sin unos cuantos dragones que matar? Levanta el capullo de nuevo; y por primera vez, mientras lo oprime con suavidad, observa el milagro. Una imagen de su cara está allí como un reflejo, pero el reflejo está cambiando.

Al aplicar una ligera presión, su cara en el capullo muestra tristeza. Pero la tristeza empieza a cambiar en un tipo de fuerza resistente: perseverancia. Esa apariencia, a su vez, empieza a mostrarse en un personaje nuevo, más admirable en sus rasgos. Al mirar incluso más de cerca a la imagen de su propia cara, ve que está tomando un aspecto poderoso, de confianza: un aspecto de esperanza.

Como el pequeño y raro insecto que se convierte en mariposa, el hijo de Dios está transformándose de forma constante en algo más hermoso. Es el mismo proceso de desarrollo que Pablo describe en estos versículos. El viajero recuerda cómo trataba de abrirse camino por la selva y que eso solo lo debilitaba. Ahora, con este tesoro asombroso, ¡ve que el aliento de fuego del dragón solo puede fortalecerlo más! Pablo usa la palabra griega *thlipsis* al hablar de «sufrimiento», y la idea es una clase de presión, como al exprimir las uvas para sacar jugo.

No andamos buscando problemas, pero por cierto los aprovechamos. Los malos tiempos son nuestro combustible para la transformación. Nos hacen más fuertes, más nobles, más sabios, y más dignos de servir a Dios con una capacidad siempre creciente.

Tómese a Pablo, que nos da estas palabras en Romanos, por la inspiración del Espíritu Santo. ¿Llevó él una vida de lujo después de entregarse al servicio de Dios? Aquí está su propia respuesta a esa pregunta:

¿Son ministros de Cristo? (Como si estuviera loco hablo.) Yo más; en trabajos más abundante; en azotes sin número; en cárceles más; en peligros de muerte muchas veces. De los judíos cinco veces he recibido cuarenta azotes menos uno.

Tres veces he sido azotado con varas; una vez apedreado; tres veces he padecido naufragio; una noche y un día he estado como náufrago en alta mar; en caminos muchas veces; en peligros de ríos, peligros de ladrones, peligros de los de mi nación, peligros de los gentiles, peligros en la ciudad, peligros en el desierto, peligros en el mar, peligros entre falsos hermanos; en trabajo y fatiga, en muchos desvelos, en hambre y sed, en muchos ayunos, en frío y en desnudez; y además de otras cosas, lo que sobre mí se agolpa cada día, la preocupación por todas las iglesias (2 Corintios 11:23-28).

Ahora lea las cartas de Pablo, la mayoría de ellas escritas durante y después de estas pruebas, y entonces responda esta pregunta. ¿Ha llegado él a ser más positivo o está más desanimado? ¿Es él más sabio o está más amargado? ¿Cuál ha sido el resultado de sus constantes tribulaciones? Está sentado en celdas estrechas esperando su propia ejecución y escribe cartas de gozo y júbilo. Para él, vivir es Cristo; morir es ganancia (Filipenses 1:21). Es una proposición en la que siempre se gana cuando entiende la vida como un capullo.

Pablo ha llegado a darse cuenta de que sin que importe lo duro que se le apriete, todo lo que puede hacer es ayudar al proceso; el proceso de transformarlo a la imagen de Cristo. No hay nada que el mundo pueda arrojarnos que Dios no lo use para su gloria y nuestro gozo eterno.

El viajero sostiene el capullo con suavidad en el hueco de sus manos. Empieza a darse cuenta de que este tesoro es precioso y tan esencial en cada aspecto como los que vinieron antes. Mira con cuidado esa pequeña cámara de transformación de nuevo y empieza a entender el proceso en tres pasos.

1. *De tribulación a perseverancia.* Da la idea de un acero templado. Las llamas solo hacen más fuerte al hierro. El sufrimiento

sin la esperanza de Cristo lleva a la derrota y a la amargura, pero mediante las maravillas de la gracia, a través de nuestras pruebas desarrollamos perseverancia. Recibimos el golpe; y la próxima vez, lo enfrentamos con mayor firmeza.

Como el profeta lo dijo: «Y meteré en el fuego a la tercera parte, y los fundiré como se funde la plata, y los probaré como se prueba el oro. Él invocará mi nombre y yo le oiré, y diré: Pueblo mío; y él dirá: Jehová es mi Dios» (Zacarías 13:9). Nuestro sufrimiento nos une más aún a Dios.

Juan escribe en Apocalipsis de estas pruebas de la fe. Pedro habla de cómo el intenso calor purifica el oro quemando la escoria. Jesús nos dice en el Sermón del Monte que somos dichosos cuando nos persiguen. Job, cuyo nombre es sinónimo de sufrimiento, dice: «Me probará, y saldré como el oro» (Job 23:10). ¿Captó usted el tema? Persevere, y su destino es dorado.

2. *De perseverancia a carácter.* ¿Qué es el carácter? Pablo se refiere a la idea de carácter sin impurezas: un hombre o mujer de integridad. Santiago se refiere a esto como el proceso de la perfección: «Hermanos míos, tened por sumo gozo cuando os halléis en diversas pruebas, sabiendo que la prueba de vuestra fe produce paciencia. Mas tenga la paciencia su obra completa, para que seáis perfectos y cabales, sin que os falte cosa alguna» (Santiago 1:2-4).

Cuando resistimos, empezamos a perder nuestro temor. Cultivamos la seguridad de nuestra propia fuerza, sabiendo que la prueba no nos consumirá. Tal confianza nos da el carácter para actuar basados en principios y no debido a la desesperación.

3. *De carácter a esperanza.* Las personas de carácter son personas positivas. Viven por la verdadera justicia y saben que resulta. El patrón positivo fomenta la esperanza y destruye el escepticismo que caracteriza nuestra edad. ¿Cuántas personas en verdad esperanzadas conoce usted? La esperanza brota del carácter, el carácter

de la perseverancia, y la perseverancia de la tribulación; pero solo cuando confiamos en que Dios nos guía por el fuego.

Más adelante en Romanos, Pablo escribe: «Pues tengo por cierto que las aflicciones del tiempo presente no son comparables con la gloria venidera que en nosotros ha de manifestarse» (Romanos 8:18). Esas son las palabras de un hombre esperanzado. Está diciendo: «¿Que si tengo problemas? Ni dudarlo. Pero no vale la pena hablar de ellos cuando podemos hablar de las cosas increíbles que Dios tiene guardadas para nosotros».

Lea toda su Biblia para que vea caso de estudio tras caso de estudio. Es un libro de hombres y mujeres consagrados soportando el sufrimiento que les dio santidad.

Lloyd John Ogilvie ha escrito del año más difícil de su vida, cuando su esposa tuvo que someterse a cinco cirugías serias, tratamiento de radiación, y quimioterapia, y todo un cúmulo de otros problemas le cayeron encima al mismo tiempo. Él dice: «La oración ya no era un lujo contemplativo, sino la única manera de sobrevivir. Mis propias intercesiones se multiplicaron por las oraciones de otros. Las amistades se ahondaron conforme me vi obligado a permitir que las personas me aseguraran con las mismas palabras que yo había predicado por años. Ni un día pasó sin una conversación, carta o llamada telefónica dándome amor y esperanza. El mayor descubrimiento que he hecho en medio de todas las dificultades es que puedo tener gozo cuando no me siento con ganas».[2]

Todos vamos a enfrentar problemas. ¿Preferiría usted enfrentarlos como el Dr. Ogilvie lo hizo, con un ejército de otros creyentes y el consejo del Espíritu Santo animándolo paso a paso en el camino?

¿Piensa usted que el gozo determina una diferencia considerable? Sí, *gozo*, en medio de lo peor que la vida tiene para ofrecer. Empieza con el *conocimiento* (Pablo dice *«sabiendo que…»*) de que la vida no es un curso cruel y al azar de victimización. Es un capullo: una senda ordenada hacia la maravillosa meta de ser semejantes a Cristo.

Quinto tesoro: Una botella de perfume

Y la esperanza no avergüenza; porque el amor de
Dios ha sido derramado en nuestros corazones por el
Espíritu Santo que nos fue dado. Porque Cristo, cuando
aún éramos débiles, a su tiempo murió por los impíos.
Ciertamente, apenas morirá alguno por un justo; con
todo, pudiera ser que alguno osara morir por el bueno.
Mas Dios muestra su amor para con nosotros, en que
siendo aún pecadores, Cristo murió por nosotros.
—Romanos 5:5-8

El viajero se está entusiasmando cada vez más al darse cuenta del asombroso valor de cada nueva maravilla. Una pequeña botella ahora llega a sus dedos curiosos. La etiqueta de la botellita dice: Para tu enriquecimiento.

Con cuidado saca el corcho y huele su contenido con curiosidad. De inmediato siente como si hubiera tropezado con un sueño del cielo. Esto es perfume, pero no como ningún cosmético del mundo. Mientras el viajero cierra sus ojos y se concentra en el rico aroma, lo que siente es la fragancia del amor cautivando todo su ser.

En estos versículos Pablo dice que el amor de Dios ha sido derramado en nuestros corazones por el Espíritu Santo. Pasa a explicar que este derramamiento es en particular dulce y poderoso, porque Cristo murió por los impíos. Este pasaje es Juan 3:16 ampliado y expuesto: mensaje central de las Escrituras dado en su presentación más vívida. Una vez que el líquido precioso de esta botella es derramado en el corazón del viajero, el aroma nunca se volverá rancio. El poder es absoluto y final: «¿Quién nos separará del amor de Cristo? ¿Tribulación, o angustia, o persecución, o hambre, o desnudez, o peligro, o espada? [...] Por lo cual estoy seguro de que ni la muerte, ni la vida, ni ángeles, ni principados, ni potestades, ni lo presente, ni lo por venir, ni lo alto, ni lo profundo, ni ninguna otra cosa creada nos podrá separar del amor de Dios, que es en Cristo Jesús Señor nuestro» (Romanos 8:35, 38-39).

Los cristianos verdaderos tienen esa esencia en ellos. Si usted no puede olerlo en su aliento, puede por lo menos escucharlo en sus palabras, sentirlo en sus actitudes. El amor de Dios parece permear su espíritu, de modo que siempre hay amor suficiente para dar. ¿Quién más podría entender que el conductor grosero en la autopista quizá esté teniendo un día malo? ¿Quién más pudiera pedirle a Dios que bendiga a un jefe que es intolerable por completo? ¿Quién más podía entrar en un cuarto lleno de miembros de la iglesia que pelean y promover la paz con su sola presencia?

Para estas personas el amor de Dios ha llegado a ser el hecho supremo de la vida, porque nada puede separarlos de este amor. Nada puede quitárselos. Es más grande y más potente que todos los problemas del mundo, y barrería todos estos problemas como lluvia en primavera si los suficientes de nosotros estuviéramos dispuestos a permitirle que tenga lugar por medio nuestro.

Pablo habla de que ese amor se derrama sobre todos los hijos de Dios, como la ofrenda por libación se derramaba sobre el altar en su tiempo; como la sangre de Cristo fluye sobre cada uno de nuestros pecados, limpiándolos para siempre. Necesitamos darnos cuenta de que es el Espíritu Santo el que hace este derramamiento, y dirige con cuidado cada gota a donde más se necesita.

No es que haya algún racionamiento cuidadoso de esas gotas. Dios el Señor no es cicatero. Su amor se desborda sobre nosotros.

Nos empapa hasta los huesos y el corazón. Llevamos su aroma para siempre. El viajero empieza a derramar el contenido de la botella sobre su pecho, esperando que llegue al corazón. Halla que sin que importe cuánto lo vacíe, el líquido dulce sigue saliendo. Puede bañarse con libertad en el abundante amor de Dios.

Sexto tesoro: Un mapa

Pues mucho más, estando ya justificados en su sangre, por él seremos salvos de la ira. Porque si siendo enemigos, fuimos reconciliados con Dios por la muerte de su Hijo, mucho más, estando reconciliados, seremos salvos por su vida.

—Romanos 5:9-10

El viajero halla otro pergamino enrollado. ¿Será una proclamación como el primero? No, muy rápido descubre que este es un mapa. Todos saben de mapas de tesoros, pero ¿no ha hallado este buscador ya su tesoro? ¿Para qué va a necesitar un mapa ahora?

La idea principal detrás de estos versículos es que Dios ya ha logrado la tarea más difícil de morir por nosotros cuando éramos pecadores. ¿Por qué no podría realizar la más fácil, que es vivir en nosotros? O, como dijera uno de los padres de la iglesia, Juan Crisóstomo: «Si Dios les da una gran dádiva a los enemigos, ¿le dará algo menos a sus amigos?».

Este es un mapa que funciona en dos sentidos. Muestra el pasado y el futuro, y hay una gran cruz roja en el mismo centro que tiene una marca: «Tú estás aquí». Puede ver sus propios pecados negros desaparecer con rapidez como tinta invisible en un lado. Eso en cuanto al pasado. En el otro lado, más allá de la cruz roja, sus pasos futuros llegan al objetivo. Los detalles no son claros para él, pero ve que dondequiera que va, la cruz roja va con él para protegerlo y darle poder.

Griffith Thomas escribe: «Si la muerte de Cristo fue el medio de nuestra reconciliación, la vida de Cristo será el medio de nuestra preservación».[3]

Este no es un mapa que nos dice con exactitud adónde vamos a ir, sino una promesa de que Él será nuestra vida y nuestro Señor; que nos acompañará y nos dará poder para todo destino y todo camino.

El viajero se da cuenta de que en el centro de esta selva terrible está la cruz que es un claro, en el centro del claro están los tesoros, y ahora en el centro de su corazón está esa cruz, y dondequiera que va, a destinos ya cartografiados o no, la cruz le hará sombra a todo, dándole la autoridad de Cristo y de su reino.

Séptimo tesoro: Una trompeta

Y no solo esto, sino que también nos gloriamos
en Dios por el Señor nuestro Jesucristo, por quien
hemos recibido ahora la reconciliación.

—Romanos 5:11

Y, ¿cuál es la maravilla final? ¡Una trompeta, por supuesto!

¿Una qué? «¡Yo no soy músico!», tartamudea el viajero. «¡No tengo ni la menor idea de cómo se toca esta cosa!».

Pero de todos modos, sabe que no hay tesoros antiguos ordinarios, corrientes. Estos son tesoros de nuestras riquezas en Cristo Jesús. Así que el viajero se lleva con timidez la trompeta a sus labios y sopla con suavidad en ella.

Una resonante clarinada a las armas sale de la campana de la trompeta. ¡Es como si un ángel la hubiera tocado! ¡Qué canto feliz y victorioso es!

Pablo dice: «También nos gloriamos». Y es casi tan sencillo como eso. Este es el segundo tesoro que nos instruye a regocijarnos, pero este último es por entero referente a la alegría. En un tiempo estábamos perdidos y ahora hemos sido hallados. A nuestros corazones se les enseñó a temer, y ahora esos temores han hallado alivio. ¿Qué podemos hacer si no regocijarnos? Tocamos la música para que se oiga lejos y por todos lados. Cuando la gente oiga esa clarinada, y cuando nos vean regocijándonos, ellos también anhelarán esos tesoros. Y hallarán que todos pueden participar de los mismos. Nos reuniremos y participaremos de la riqueza que es la totalidad de nuestras posesiones espirituales en Cristo. La más profunda alegría de todas viene cuando participamos del gozo y lo presentamos a los buscadores y viajeros que todavía vienen por este camino.

Es apropiado, entonces, que el tesoro final sea un llamado a la adoración. ¿Qué otra cosa podría ser? Lo reto a leer Romanos 5:1-11 despacio, con reflexión y en oración, mientras medita en cada una de las siete maravillas en su propia vida, sin experimentar una urgencia renovada de adorar y alabar a Cristo. Sus riquezas continúan derramándose sobre nosotros año tras año, día tras día, momento tras momento. Lo reto a contemplar el poder, el amor y la bondad del Dios viviente, a permitir que su amor fluya sobre usted hoy, y no sentir una alegría profunda en su alma, una paz que lo abarca todo, y una valentía creciente para enfrentar los desafíos que esta semana lleguen a su vida. Por último, lo insto a considerar en profundidad si puede aceptar esta gloriosa riqueza sin compartirla con tantos otros seres humanos como pueda.

La selva de este mundo, como ve, está llena de personas desesperadas, agotadas, que han llegado al fin de sí mismas. Sus manos y pies están enredados en los bejucos del mundo y en todos sus pecados. Sus sendas están obstruidas por la oscuridad cultural que parece ser más negra con cada día que transcurre. Y en todo momento está el sonido de la Muerte que acecha en el bosque,

que se acerca cada vez más. En el escalón más bajo de la madurez espiritual a lo mejor usted tenga compasión por ellos y tal vez comprenda cuándo lo ofenden. En los escalones más altos, usted empezará a extender una mano de amor.

Sus amigos, sus conocidos, tal vez sus propios familiares están desesperados por la paz que usted ha hallado. El precio ya ha sido pagado para que sus pecados sean perdonados y sus nombres sean escritos con la sangre de Cristo en ese pergamino eterno. Todo lo que necesitan es un mensajero que les dé las gloriosas noticias.

¿Puede pensar en alguna buena razón para no ser ese mensajero?

Momentos *de* gracia

❧

¿Cuál de las siete maravillas de la gracia necesita usted hoy más? Cierre el capítulo 5 de este libro y abra el capítulo 5 de Romanos. Lea los primeros once versículos en voz alta para usted, lentamente, pensando, y con oración.

En una tarjeta pequeña, haga una lista de las siete bendiciones contenidas en estos versículos. Al lado de cada una trace un dibujo sencillo que ilustre esa bendición. Puede usar las imágenes sugeridas en *Cautivados por la gracia*: un pergamino, una llave, una caja de música, y así por el estilo; o puede dibujar cada bendición con un objeto distintivo de su propia imaginación. Luego ponga la tarjeta en su billetera o su bolsillo, y téngala disponible para hablarle al respecto a alguien necesitado esta semana. Muéstrele a esa persona su lista, describa los símbolos, y háblele de la provisión consoladora de la gracia de Dios.

CAPÍTULO SEIS

El punto conector
de la gracia

¡Cuán precioso fue a mi ser,
cuando Él me transformó!

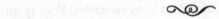

La vida de John Newton se había convertido en una metáfora viviente: su vida era como una tempestad. Sus días se diluían en un largo viaje por aguas turbulentas, con su barco azotado por las tormentas que se acercaban desde todos y cada uno de los puntos de la rosa náutica. Era un hombre sin país, un buque que vagaba sin puerto. En aquella noche, el 21 de marzo de 1748, el joven traficante de esclavos se quedó medio dormido intranquilo en su litera, sin saber si era el barco o el alma lo que lo impulsaba de pesadilla en pesadilla. Por fin se levantó para aclararse la cabeza y se dio cuenta de que una tempestad estaba azotando al barco. Todos los tripulantes estaban despiertos, y se oían voces que gritaban con urgencia. El agua estaba empezando a inundar la bodega.

Newton se preguntó si era así cómo iba a acabar todo: sepultado en el fondo del océano; sin sepultura cristiana para uno que no había vivido una vida cristiana. El instinto de marinero se hizo presente, y corrió por la cubierta y al aire para respirar. Justo entonces sintió una mano áspera en su hombro. «Tráeme un cuchillo», gritó el capitán, a voz en cuello para hacerse oír sobre el caos.

Newton regresó al interior para buscar lo pedido. Al hacerlo, el hombre que tomó su lugar en la cubierta fue arrastrado por la borda. *Esa ola estaba destinada para mí*, pensó Newton mientras accionaba las bombas. Se dedicó con toda su fuerza a la tarea y exclamó, casi sin pensarlo: «Si esto no resulta, ¡el Señor tenga misericordia de nosotros!».

Misericordia. Esa palabra saltó ante él como si otra voz la hubiera pronunciado. *Misericordia* no era una palabra típica de las que se hallaban en su vocabulario en años recientes. Pero ¿y qué importaba eso? ¿Qué misericordia, qué compasión, qué favor le había mostrado a él nadie? Dios le había robado a su madre, y los hombres le habían robado todo lo demás.

Desde las tres de la mañana hasta el mediodía, hora en que quedó agotado por completo, Newton bombeó agua. Aprovechó una preciosa hora de sueño, y luego gobernó el barco hasta la medianoche. El trabajo requería cierta concentración, pero Newton halló posible permitir que su mente vagara por primera vez en muchas horas. Pensamientos y emociones por largo tiempo suprimidos se derramaron sobre su alma. Reflexionó en la tempestad de una vida colérica.

Conforme la esperanza de sobrevivir empezaba a apoderarse de la tripulación, Newton sintió que algo pasaba dentro de él. No podía explicarlo. No podía dar razones lógicas. Solo sentía una certeza creciente de que no había sido un mero accidente lo que había salvado a su barco. Algo más que un lanzamiento al azar de los dados cósmicos le había permitido ver otro día. Por primera vez desde su niñez, Newton en realidad pudo *sentir* un propósito para la trama del universo.

Pero el Agente de ese propósito seguía siendo un misterio para él. Dios era un benefactor misterioso a quien todavía tenía que conocer.

«Empecé a orar», recordaría en escritos posteriores. «No podía elevar la oración de fe; no podía acercarme a un Dios reconciliado, y llamarle Padre. [...] Los principios incómodos de la infidelidad los tenía remachados con profundidad. [...] La gran pregunta ahora era cómo obtener fe».[1]

Newton continuó meditando en estas preguntas durante su vigilia en la cubierta. Cuando por fin fue relevado en la rueda del timón, se fue de inmediato al pañol de provisiones para buscar la Biblia. Al hojearla, rebuscó entre las líneas, tratando de recordar los versículos que le gustaban a su madre, y llegó al fin a Lucas 11:13: «Pues si vosotros, siendo malos, sabéis dar buenas dádivas a vuestros hijos, ¿cuánto más vuestro Padre celestial dará el Espíritu Santo a los que se lo pidan?».

Parecía como si ese versículo con toda intención lo hubieran colocado allí para sus ojos: *Si vosotros, aun siendo malos...*

Si el libro era verdad (y su bendita madre lo había apostado todo a él), este versículo también debía ser fidedigno. Y esa sería la más maravillosa de todas las verdades posibles, porque lo que ofrecía era *ayuda allí mismo*. «Yo necesitaba ese mismo Espíritu, por medio del cual todo había sido escrito, a fin de entenderlo bien», escribiría. «Él ha prometido aquí dar ese Espíritu a los que se lo pidan: por consiguiente debo orar pidiéndolo; y, si Él es Dios, Él será fiel a su propia palabra».[2]

Newton casi ni se daba cuenta de los movimientos del barco, que continuaba su viaje. Estaba sumido en sus pensamientos, perdido en oración, enterrado en las Escrituras. Tres semanas después el barco arribó a Irlanda, y la tempestad volvió con furia al día siguiente. Con un escalofrío, Newton se dio cuenta de que no habría habido supervivencia si el barco se hubiera retrasado un día en atracar. Era como si una mano celestial hubiera contenido la furia de la naturaleza apenas lo suficiente para que su tripulación llegara con seguridad a puerto.

Newton más tarde diría que había abrazado la verdad de los Evangelios y el poder de su Salvador para rescatarlo del infierno que había hecho de su propia vida. Ahí en las páginas de Mateo, Marcos, Lucas y Juan, halló la única y sola esperanza para que su alma pudiera ser rescatada de la angustia y la desesperación que se habían convertido en su lugar permanente de habitación. Para él era difícil creerlo: todos sus pecados, borrados en un momento; todo lo que era miserable en él, perdonado.

Había una gran emoción en este sentimiento de absoluta misericordia que era vasta lo suficiente y lo suficientemente generosa incluso para su alma miserable. Sintió un anhelo ferviente de arrepentirse de los pecados que pudo identificar y de vivir ahora para ese Salvador de misericordia. Incluso sonrió al sentir liberación del problema menor de las palabrotas, tan común entre los marineros. Se entusiasmó al saber que su lengua ahora reflejaría al reino de Dios en lugar de los sórdidos lugares del mundo.

Newton más adelante pensó que en aquel momento su conversión todavía no se había realizado. A su manera de ver las cosas, su alma todavía estaba en las garras de un pecado no reconocido. Tenía el conocimiento, pero no una relación con el Cristo de las Escrituras. Como más tarde lo describiría: «No tenía idea de [...]

la vida oculta del creyente, puesto que consiste en la comunión con Dios por medio de Jesucristo; una continua dependencia de Él».[3]

Mirando hacia atrás, sentía que muchas millas y muchas pruebas todavía estaban ante el joven Newton antes de que por fin pudiera entrar en el abrazo seguro de su Salvador. En el otoño de sus años, a los ochenta, se hallaría escribiendo en su diario sobre el quincuagésimo séptimo aniversario de la tormenta que pudo habérselo llevado, pero que ayudó a liberarlo: «21 de marzo de 1805. No estoy en muy buenas condiciones para escribir. Pero procuro observar el retorno de este día con humillación, oración y alabanza». Este había llegado a ser un día personal de recordatorio. Por más de medio siglo ya, había marcado el aniversario con acciones de gracias y reverencia.[4]

Diecisiete siglos antes, otro anciano se había sentado con una pluma en mano, perdido en sus propios recuerdos. Sus ojos le estaban fallando, pero allí había a veces amigos jóvenes que le ayudaban. Él agradecía al Dios del cielo por sus amigos. Les escribía con frecuencia: enseñando, animando, en ocasiones rogando visitas y ayuda. Halló que no podía hablar del viaje de la fe cristiana sin volver a contar su propio viaje. De muchas maneras, su pasaje había sido paralelo al de John Newton. Lo sabemos al leer sus cartas.

Sin embargo, sería un compañero de viaje llamado Lucas el que contaría la historia del apóstol Pablo en su versión más completa. Su conversión está bien documentada, pues se relata con detalle en tres ocasiones diferentes en el libro de los Hechos. La historia ocupa más espacio en el Nuevo Testamento que cualquier otro registro, excepto los que rodean a la crucifixión de Cristo.

¿Por qué se concede tanta importancia a la conversión de Pablo? Griffith Thomas responde que el futuro de la iglesia cristiana giró alrededor de ese suceso. Una experiencia singular de conversión de un individuo singular: Pablo era judío por nacimiento, romano por ciudadanía, griego por educación, y a la larga cristiano por gracia; misionero, teólogo y evangelista, pastor, administrador, filósofo y estadista.[5]

SAULO EL CAZADOR

*Saulo, respirando aún amenazas de muerte contra
los discípulos del Señor, vino al sumo sacerdote y
le pidió cartas para las sinagogas de Damasco, a
fin de que si hallase algunos hombres o mujeres de
este Camino, los trajese presos a Jerusalén.*
—Hechos 9:1-2

El hombre que conocemos como el apóstol Pablo, que transformó su mundo más que ningún otro, excepto su amado Maestro, aparece primero como una cara ambigua en la multitud. Saulo, como entonces se le conocía, es el testigo de un episodio de violencia de la chusma. Es un observador joven y pasivo en el martirio de un dirigente cristiano inicial. Esteban es ese dirigente: un hombre al que se describe como teniendo una cara de ángel; un astro que se levantaba entre los seguidores de Jesús, tal como Saulo es un astro que se levanta entre los enemigos de Jesús.

Aquellos eran días volátiles en Jerusalén, porque la iglesia cristiana acaba de nacer. Es Esteban quien se gana la ira del statu quo religioso. Sus defensores lo sacan de Jerusalén y lo apedrean hasta matarlo, poniendo sus vestidos a los pies de «un joven llamado Saulo» (Hechos 7:58). El año es con toda probabilidad el 35 d. C.

La siguiente vez que se menciona a Saulo, notamos la palabra «aprobando», a diferencia de nada más observando. Saulo se halla aprobando la violencia (Hechos 8:1). Es un joven rabino, que aprendía con rapidez su camino junto a los ancianos. La fiebre de la chusma es contagiosa y potente en alto grado. Se extiende para infectar y demonizar a los espectadores. Hemos visto esto en las calles de Munich a principios de la década de los treinta, en París en 1789, e incluso en Los Ángeles en 1992.

Hay algo inquieto e inflamable en alto grado dentro de Saulo de Tarso. Él estaba pasivo, luego aprobaba, y después era la cabeza de la línea de ataque a la joven iglesia. Al llegar a Hechos 8:3, vemos que arrastra a los creyentes a la cárcel.

Por último, en Hechos 9:1, Lucas usa la palabra griega *fonos* para describir el trabajo de Pablo. La traducción es «muerte». «Saulo, respirando aún amenazas de muerte contra los discípulos del Señor...». El joven fariseo ahora tiene la sangre de los mártires en sus manos. La persecución de la iglesia se ha apoderado por completo de su alma. Saulo de Tarso ha hallado su vocación.

Comparado con los fariseos que encontramos en los Evangelios, más criticones y descreídos que explosivos, Saulo se ha convertido en una especie de hombre de ataque de una chusma santa. Está interrumpiendo reuniones en los hogares, participando en flagelaciones, y atacando por igual a hombres y mujeres.

Por fin, cuando la iglesia de Jerusalén está en ruinas, halla que no ha sacrificado suficiente sangre a los dioses exigentes que lleva dentro. Los antojos del pecado nunca pueden satisfacerse, sino solo exigir ofrendas mayores. Saulo va a ver al sumo sacerdote y le pide permiso para llevar su espectáculo a la carretera. Para entonces, los cristianos han huido de Jerusalén a causa del terror, y han buscado refugio en ciudades como Damasco, la capital de Siria. Los cristianos han establecido allí un puesto de avanzada y ya están haciendo su labor de proselitismo entre los judíos de las sinagogas locales. En lo más recóndito de su mente, tal vez Saulo se pregunta por qué estos herejes no pueden mantener el pico cerrado cuando eso pone sus vidas en peligro. En todo caso, él quiere perseguirlos, encadenarlos, y entregarlos a la justicia hebrea en Jerusalén.

Escuchen su propia confesión. Aquí se refiere a la iglesia como el Camino al empezar a describirse a sí mismo: «Perseguía yo este Camino hasta la muerte, prendiendo y entregando en cárceles a hombres y mujeres; como el sumo sacerdote también me es testigo, y todos los ancianos, de quienes también recibí cartas para los hermanos, y fui a Damasco para traer presos a Jerusalén también a los que estuviesen allí, para que fuesen castigados» (Hechos 22:4-5).

Este Camino se había convertido en un camino difícil debido a los incansables ataques de Saulo, que ahora golpea desde la distancia.

«Enfurecido sobremanera contra ellos», recordaría más tarde, «los perseguí hasta en las ciudades extranjeras» (Hechos 26:11). Se describiría a sí mismo como «blasfemo, perseguidor e injuriador» (1 Timoteo 1:13). De manera muy parecida a John Newton, él lucha por hallar las palabras que expresen el aborrecimiento que siente por su vida anterior. Se ve a sí mismo como el primero de todos los pecadores (1 Timoteo 1:15).

La ira santurrona siempre se alimenta de algún fuego oculto. Algo dentro de Saulo le hace ser implacable en lo sangriento de sus ataques. El podía haber asesinado a todo cristiano vivo y empezado a atacar a otras sectas, y todavía el fuego habría seguido. Tal vez empezaba a darse cuenta del hecho en ese tiempo y empezaba a comprender que un Poder mayor estaba tratando de hablarle.

En cualquier caso, las emociones violentas pueden solo ser impulsadas hasta cierto punto. Tarde o temprano tiene que haber un ajuste de cuentas, no con el enemigo de Damasco, sino con el verdadero demonio que estaba dentro de él.

SAULO EL PERSEGUIDO

Desde el principio de nuestra fe, los cristianos convertidos han hablado de Dios no como una Deidad pasiva oculta en el salón de su trono, sino como un perseguidor implacable: un Pastor celestial que reúne hasta la última oveja perdida. La imagen verbal más contundente puede venir de un poeta llamado Francis Thompson.

Thompson era un indigente en las calles de Londres que a menudo se ganaba unos pocos centavos vendiendo fósforos. Tan avergonzado estaba que, cuando envió unos pocos poemas a una revista, dio como dirección de su domicilio solo el establecimiento de un químico. Los editores, sorprendidos por la calidad de la poesía, lo buscaron y hallaron que era el lugar donde Thompson alimentaba su adicción al opio.

Thompson más tarde escribiría un poema titulado «El sabueso del cielo», sobre el Dios que nos persigue hasta que llegamos a ser suyos. El poema empieza de esta manera:

Huí de él, por las noches y por los días;
huí de él, por los arcos de los años;
huí de él, por los caminos en laberinto
de mi propia mente; y en el rocío de las lágrimas [...]

De esos pies fuertes que seguían,
que seguían detrás,
pero con persecución sin prisa,
y con paso imperturbable,
velocidad deliberada, instancia majestuosa,
retumban; y una voz retumba
más urgente que los pies:
«Todas las cosas te traicionan, a ti que me traicionas a mí».

Por fin, después de huir y ocultarse en todo falso refugio posible,

Se detienen junto a mí esas pisadas:
¿Es mi melancolía sombra de su mano,
que se estira acariciando?
«Ah, el más intenso, más ciego, más débil,
¡yo soy Aquel a quien tú buscas!».

Los hombres y mujeres que se dedican a la persecución solo pueden arar en el mar. Nada satisface. Esto es en verdad la definición de religión. Lo que distingue a nuestra fe cristiana es que la historia se dice al revés: una de un Padre amante que nos persigue porque somos demasiado necios y estamos demasiado manchados por el pecado para acudir a Él.

Lea los pensamientos de todos los grandes hombres de fe de todos los siglos y hallará ese denominador común. Dios los persigue «por las noches y por los días». Por ejemplo, C. S. Lewis escribe: «Nunca había tenido la experiencia de buscar a Dios. Es al revés: Él es el cazador (o así me parecía a mí) y yo era el venado. Él me acechó [...] apuntó sin errar, y disparó. Y estoy muy agradecido de que fuera así como tuvo lugar el primer encuentro (consciente). Esto lo previene a uno contra los subsiguientes temores de que todo ha sido solo el cumplimiento de un deseo. Algo que uno no ha deseado es difícil que pudiera ser así».[6] Saulo se veía a sí mismo como el cazador implacable. Sin embargo, debe haber empezado a darse cuenta de que había llegado a ser el perseguido. «Todas las cosas te traicionan, a ti que me traicionas a mí». En forma natural el encuentro divino ocurrió al fin tal como debe tener lugar en una historia de persecuciones: en el camino.

Confrontación

¿Cuáles eran los pensamientos del Saulo inmisericorde mientras su grupo viajaba por el camino a Damasco? Tal vez estaba imaginándose la escena violenta que le esperaba en pocas horas. Tal vez estaba saboreando con expectativa otra ciudad limpia de la enfermedad cristiana.

Pero tal vez no. ¿Podría ser que a estas alturas Saulo ya estuviera en guerra consigo mismo? No podemos saber sus pensamientos precisos cuando «al llegar cerca de Damasco, de repente le rodeó un resplandor de luz del cielo» (Hechos 9:3).

El apóstol más adelante cuenta esta historia y da varios detalles. Por ejemplo, el acontecimiento tuvo lugar al mediodía (Hechos 22:6; 26:13). Se nos asegura que no fue un fenómeno natural, ni fue insolación ni alucinación, porque la luz invasora fue más brillante que el sol del mediodía.

También aprendemos que el suceso lo experimentaron todos los compañeros de Saulo, pero que solo Saulo entendió la voz que todos oyeron. Los otros «se pararon atónitos» y reconocieron la presencia de un fenómeno sobrenatural, pero sin entenderlo (Hechos 9:7).

Por fin, aprendemos que fue Jesucristo mismo el que le salió al encuentro a Saulo en el camino. Fue su voz la que dijo las palabras que acosarían al joven por el resto de su vida.

A partir de ese día, los comentaristas han buscado una explicación psicológica o natural para la idea de que Jesús se le apareció a Saulo. Tal vez él se inventó todo el incidente más tarde como credenciales falsificadas para su insistencia en el apostolado.

Estas racionalizaciones no encajan con toda la pieza de evidencia que tenemos. Saulo vio a Cristo, y sus compañeros de viaje vieron y oyeron *algo*. Después el Señor habló del asunto en forma independiente a un hombre llamado Ananías, que ni siquiera conocía a Saulo, excepto por su infame reputación. No podemos explicar el suceso como «alucinación masiva» con mayor credibilidad de lo que podríamos hacerlo respecto a la resurrección. La historia deja en claro el caso. La mejor evidencia de su autenticidad milagrosa es el innegable efecto que surtió en Saulo; tal como la mejor evidencia para la resurrección es lo que le sucedió a los discípulos que presenciaron el poder sobrenatural de Dios y fueron transformados al instante.

Pablo tiene el estatus de apóstol porque vio al Señor resucitado. Él escribe: «¿No soy apóstol? ¿No soy libre? ¿No he visto a Jesús el Señor nuestro? ¿No sois vosotros mi obra en el Señor?» (1 Corintios 9:1). La iglesia primitiva aceptó su experiencia como válida y lo contó como igual de Pedro, Jacobo, Juan y el resto.

En lo que tiene que ver con la revelación de las Escrituras, esta fue la primera aparición de Cristo desde el martirio de Esteban. Cristo había llevado las cosas de un extremo al otro al aparecerse a un dirigente cristiano asesinado y luego a uno de los asesinos, que en santa ironía sería su sucesor.

Convicción

Las palabras que Cristo le dijo a Saulo fueron serias y directas: «Y cayendo en tierra oyó una voz que le decía: Saulo, Saulo, ¿por qué me persigues?» (Hechos 9:4).

Esas serían las palabras de un juez o de un abogado acusador: es cierto que su contexto es personal sin la menor duda. El nombre de Saulo se pronuncia dos veces, como con dolor: «Saulo, Saulo». Luego, «¿por qué me persigues?».

Saulo tal vez nunca se había preguntado a quién estaba persiguiendo, excepto a herejes judíos que, a su modo de ver, eran blasfemos que amenazaban la fe venerable. Él nunca pensó que se hallaría arrodillado en el polvo ante el Maestro de aquellos discípulos.

En la mente de Saulo, él había estado reformando. Había estado limpiando. Había estado investigando y arrestando, y sí, aplicando sanciones: prisión o tortura física. Solo estaba haciendo su trabajo, entregándole el ciento por ciento. ¡Nada personal!

Hasta ese momento.

La voz que oye habla en arameo, el lenguaje auténtico de sus antepasados, el lenguaje que, por cierto, habló Jesús. «Saulo, Saulo, ¿por qué me persigues? Dura cosa te es dar coces contra el aguijón» (Hechos 26:14).

Saulo el rabino fervoroso, cegado por una luz casi radioactiva, lucha con dos hechos nuevos que lo aturden:

Primero, está hablando con Jesús, que *no está muerto*.

Segundo, Saulo había estado atacando a Jesús mismo y no solo a sus seguidores que no conocía.

¿Pudiera ser que cuando atacamos a nuestros hermanos en Cristo de cualquier manera, sea con palabras o con la política de la iglesia, estemos atacando a Jesús, que está detrás de ellos y más vivo y más presente de lo que reconocemos? ¿Pudiera ser que lo que descartamos como «pleitos y peleas» en la iglesia no sea tan inocuo después de todo, porque clava más clavos en aquellas benditas muñecas?

F. B. Meyer señala que en un agonizante momento Saulo ya no se ve a sí mismo como el campeón de Dios, sino como el enemigo de Dios. «Con cada golpe que él le daba a la naciente iglesia, estaba lacerando esas manos y abriendo ese costado. Con cada suspiro y gemido que extraía a los miembros del cuerpo había recabado de la Cabeza celestial el reproche: «Saulo, Saulo, ¿por qué me persigues?».[7]

Conversión

Todo el concepto que Pablo tenía de Dios había sido socavado de un solo golpe. Imagínese que descubre que el Dios que usted adora es alguien del todo distinto, alguien que tiene diferencias radicales con respecto a sus más preciadas ideas sobre Él. Usted haría la misma pregunta que Pablo ahora hace: «Él dijo: ¿Quién

eres, Señor? Y le dijo: Yo soy Jesús, a quien tú persigues; dura cosa
te es dar coces contra el aguijón» (Hechos 9:5).

Saulo sabe la respuesta a su propia pregunta, pero no ha
tenido tiempo de digerir sus vastas implicaciones. *¿Quién eres,
Señor?* La respuesta a esa pregunta obligará a hacer otra más:
¿Quién soy yo?

Cuando ya Saulo pensaba que sabía todas las respuestas, las
preguntas han cambiado. ¿Qué hace él con sus vastas reservas de
ira? Todo se vuelve temor en un terrible instante.

Dura cosa te es dar coces contra el aguijón. Toda persona en el
mundo de Pablo sabe del arriero y su vara larga, la punta de la cual
lleva un pedazo de hierro afilado. Esa punta «aguijonea» al buey
para que avance hacia donde se le dirige. Pero el constante aguijo-
neo es doloroso, y todo agricultor sabe que hay ocasiones en que el
buey se volverá contra el aguijón y lo atacará; lo que, por supuesto,
solo aumenta el dolor.

Para el buey que se conoce como Saulo, ¿qué es el aguijón?
Cristo está diciendo que algo había estado hincando a Saulo, tratando de guiarlo al arado apropiado, pero que él había estado des-
angrándose al resistir.

El aguijón puede haber empezado con las palabras que brota-
ron de la boca de Esteban, que aceptó su muerte cruel con gracia
sublime. El rostro de Esteban brilló y «se parecía al de un ángel»
(Hechos 6:15). Tal vez Saulo sintió un aguijonazo en su corazón,
y él le dio una coz.

Luego, puede haber sido la conducta de los cristianos que
oraban por Saulo incluso cuando él atacaba a sus familias. Puede
haber sido la persistencia de las personas del Camino que deja-
ban en Jerusalén todo lo que tenían para seguir a Cristo en otras
partes, y entonces en forma peligrosa revelaban su posición
hablando de Jesús a todos los que los oían.

Saulo no estaba comprendiendo; estaba dándose de cabezazos contra el aguijón mismo. *Todas las cosas te traicionan, a ti que me traicionas a mí.* El Sabueso del cielo se acercaba cada vez más en su búsqueda, hasta que por fin lo acorraló en pleno día y en el camino.

Consagración

La primera pregunta de Saulo había sido: «¿Quién eres, Señor?».

Su segunda pregunta es la secuela inevitable: «Él, temblando y temeroso, dijo: Señor, ¿qué quieres que yo haga? Y el Señor le dijo: Levántate y entra en la ciudad, y se te dirá lo que debes hacer. Y los hombres que iban con Saulo se pararon atónitos, oyendo a la verdad la voz, mas sin ver a nadie. Entonces Saulo se levantó de tierra, y abriendo los ojos, no veía a nadie; así que, llevándole por la mano, le metieron en Damasco» (Hechos 9:6-8).

Los compañeros de Saulo tal vez sintieron más temor que el mismo Saulo. Por lo menos él pudo entender lo que se le estaba diciendo. Por su parte, ellos ven una luz, oyen una voz, y descubren que su dirigente, tan impetuoso y agresivo apenas momentos atrás, ahora está ciego, temblando e impotente. Él había llevado a los creyentes a la cárcel; ahora deben conducirlo a él de la mano a su liberación. Saulo experimenta la humildad máxima que la inutilidad física siempre trae. Había dependido solo de sí mismo, pero ahora debe aprender a depender de la bondad de los extraños.

Comunión

Ahora viene la verdadera agonía. Saulo debe ser dejado para que lidie consigo mismo en un mundo sin luz. «Estuvo tres días sin ver, y no comió ni bebió» (Hechos 9:9).

Estos tres días deben haber sido los más largos de la vida de Pablo.

¿Qué hace un hombre durante tres días en la oscuridad total, después de que su misma identidad y sus convicciones le han sido arrancadas con violencia?

Si es un hombre débil, huye a la negación. Ignora sus sentidos. Tal vez incluso pierde su cordura.

Pero si es un hombre fuerte, y Saulo lo es, piensa. Procesa. Trata de reconceptualizar la realidad a la luz de la evidencia reciente.

Hay tanto que reconsiderar y volver a definir. Podemos imaginarnos que su vida pasada y su carrera relampaguearon ante él, como si fueran la vida y la carrera de algún otro por entero; alguien muy perverso, que obtenía placer de la manera en que destruía las vidas, participaba en el asesinato y la tortura, buscaba nuevas ciudades en las cuales perseguir a los adherentes de la fe cristiana.

Aunque está ciego, ve con mayor claridad que nunca. Tal vez en su mundo oscuro ese rostro angélico de Esteban reluce de nuevo ante él, un seguidor de este Cristo vivo en realidad, a quien Saulo ha ayudado a destruir, aunque sea en forma pasiva. Ve cada cara, a veces de mujeres y niños, de todas las personas que ha atacado sin ninguna provocación que no sea una diferencia en los paradigmas espirituales. Y se pregunta: ¿qué pasará ahora con su propio paradigma espiritual?

¿Cómo lo cambiarán estos estallidos?

Por tres días rechaza la comida y el agua. Durante tres días enfrenta la violencia de su revelación en forma firme, sin distracción, sin subterfugios. Esto no es nada más que el carácter de Saulo, y con certeza una razón por la que Dios lo escogió. Saulo es un hombre de poderosa integridad y resolución. Si él cree en el camino de la ley, lo seguirá con toda su fuerza. Si descubre que Jesús es real, enfrentará esa verdad con toda su concentración y seguirá toda implicación de la acción que eso demanda. Él no es dado a medias tintas.

La voz de Cristo había dicho: «¿Por qué me persigues?». La voz había pronunciado su nombre dos veces, con emoción. El Hombre detrás de la voz le había derribado al suelo y lo había dejado ciego, entre extraños. ¿Por qué este Señor de poder no lo mató en el acto? ¿Por qué lo había llevado a ese lugar?

Entonces Saulo empieza a ver las caras de nuevo: Esteban y los demás. Hay amor en esas caras. No es como el comportamiento serio, rígido, a menudo colérico de la propia marca de fe de Saulo. No, hay compasión, perdón, misericordia; la verdadera palabra para él tendría que ser *gracia*.

Saulo había escuchado con impaciencia algunos relatos acerca del Nazareno y su enseñanza. Eran en su mayor parte distorsiones de las palabras de Jesús, pero con todo Pablo podía decir que el Señor no era uno que proclamaba violencia o retribución. Era un hombre de gracia. Debe haber sido por esto que no derribó al fariseo de su caballo y luego lo remató. Por eso es obvio que el Señor tiene el poder de lidiar con *todos* sus perseguidores y, sin embargo, no lo hace.

Gracia, esa debe ser la clave de todo el enigma. Gracia, un tema que tal vez sea un lenguaje extraño para los fariseos.

Saulo vio a Ananías en una visión. Oyó la voz del hombre cuando Ananías llegó y halló a Saulo en la calle llamada Derecha. Saulo casi debe haberse reído, porque este amigo está que tiembla de temor ante el notorio cazador hebreo. Sin embargo, Ananías confiaba tanto en su Jesús que en obediencia vino en busca de aquel que siempre había orado que no viniera a buscarlo a *él*. Y había gentileza en Ananías mientras ponía su mano sanadora sobre Saulo de Tarso. No había enojo ni resentimiento, sino solo *gracia*.

Todas aquellas personas, cautivadas por la gracia.

Treinta años después del martirio de Esteban, el día llegaría cuando Pablo pasaría su tiempo en una prisión en Roma y esperaría la misma suerte de muchos de los que él en un tiempo había arrestado.

Tal vez él ve una vez más la cara de Esteban y de tantos otros desde entonces, ya no enemigos, sino hermanos y hermanas en la fe. Para entonces él ha vivido, y enseñado, y servido en el poder de la gracia.

Y enfrentará al verdugo con no menos amor, no menos compasión. Él se irá con gracia.

John Newton pasó muchas horas pensando en eso. Escribió mucho sobre la vida y carrera del hombre que conoceríamos como Pablo. Newton siempre volvía con fascinación al hecho de que Dios había seleccionado al más terrible de sus antagonistas, no para un castigo especial, sino para un ministerio especial.

Un hombre como Newton, que tenía en sus manos la sangre de los esclavos africanos, podía derivar mucha esperanza de un hecho como este. Podía haber pensado: *Para que Dios persiga con tanta seriedad, en forma tan incansable, a un hijo que ha insultado su bondad en toda forma posible, tiene que haber un propósito alto.*

C. S. Lewis también se maravillaba del Sabueso celestial, que nunca perdía el rastro:

Debes imaginarme solo, en aquella habitación del Magdalen, noche tras noche, sintiendo, cada vez que mi mente se apartaba por un momento del trabajo, el acercamiento continuo, inexorable, de Aquel con quien, tan encarecidamente, no deseaba encontrarme. Aquel a quien temía profundamente cayó al final sobre mí. Hacia la festividad de la Trinidad de 1929 cedí, admití que Dios era Dios y, de rodillas, recé; quizá fuera, aquella noche, el converso más desalentado y remiso de toda Inglaterra. Entonces no vi lo que ahora es más fulgurante

*y claro: la humildad divina que acepta a un converso incluso
en tales circunstancias. Al fin el hijo pródigo volvía a casa por
su propio pie. Pero ¿quién puede adorar a ese amor que abrirá
la puerta principal a un pródigo al que traen revolviéndose,
luchando, resentido y mirando en todas direcciones buscando
la oportunidad de escapar?*[28]

¿Piensa usted que el Perseguidor Celestial anda en busca solo
de presas desafiantes como Pablo, John Newton o C. S. Lewis?
Pienso que usted lo sabe bien.

El amor de Cristo le sigue el rastro también a usted, amigo
mío. Incluso si usted ya se ha rendido, «pataleando, luchando,
resentido» como Lewis, o como «el más ciego, el más débil» como
Francis Thompson, Él continúa la persecución. No, Él no espera
con impaciencia que usted eleve la oración de salvación y luego
gira sobre sus talones para abandonarlo a favor de otro deporte. La
verdad es que la gran cacería nunca termina; no hasta que usted se
asemeje en forma total a Él. Eso es algo que ninguno de nosotros
alcanza en esta vida.

Puede tener la certeza de que hay partes de su identidad, sus
esperanzas y sus sueños que todavía andan huyendo. Usted puede
albergar ambiciones que necesitan convertirse en santas. Puede
relacionarse con su cónyuge, con sus padres o sus compañeros de
trabajo en maneras que Cristo anhela bendecir con su amor y su
gracia, si tan solo se lo permite.

¿Qué se necesita? ¿Que lo derribe? ¿Perder la vista? ¿Qué
deberá hacer Dios para captar su atención y hacer que se dé cuenta
de que Él está vivo, gloriosamente vivo?

Tal vez usted necesita varios días de ayuno con concentración
completa, tal como Pablo los tuvo, para resolver la implicación
del señorío de Dios sobre su mundo personal. Tal vez necesite un
largo y meditabundo viaje a solas, como Newton.

Incluso si es así, ¡que la cacería siga! No podríamos tener un Perseguidor con mayor amor. Esta es la historia de su vida: Él le seguirá hasta que usted lo siga a Él. Continuará hasta que todo su ser haya sido cautivado por la gracia.

Momentos *de* gracia

❧

Tal vez el Sabueso Celestial lo esté persiguiendo ahora. Es una persecución de amor, puesto que lo busca para su propio bien. Si esto es cierto, ¿cómo debe responder?

Piense de nuevo en las aturdidas palabras de Saulo cuando Jesús se le apareció en el camino a Damasco. Saulo gritó dos preguntas ante la forma brillante cuya gloria le había cegado los ojos y lo envió de su caballo al suelo. ¿Cuál de las dos preguntas es más apropiada para usted en este punto en su vida?

¿Quién eres, Señor?
¿Qué quieres que yo haga?

Incluso si le lleva varios días de ayuno y oración, concéntrese en esas preguntas hasta que Cristo cautive su corazón con la gracia. Si usted ha sido cristiano por muchos años, concéntrese en la última pregunta y reafirme que está haciendo lo que el Señor quiere que haga, cumpliendo la perfecta voluntad del Dios de toda gracia.

SEGUNDA PARTE

GRACIA
para el
PRESENTE

CAPÍTULO SIETE

La desconcertante paradoja de la gracia

En los peligros o aflicción que yo he tenido aquí

⛬

Cuando por fin cantemos la tercera estrofa del gran himno de John Newton, tal vez estemos pensando varias cosas:

¿Vamos a cantar todas las estrofas?

¿Cuándo viene esa parte que habla de los diez mil años? Es la parte más linda.

Estos zapatos son muy incómodos.

¿Podré cantar contralto? A veces me canso de cantar soprano.

Eh, ¿qué quieren decir estas palabras...?

De cuando en cuando alguien tropieza con este último pensamiento. ¡Qué concepto más ingenioso! Usted y yo podemos en realidad prestar atención a las palabras e ideas que surgen de nuestros labios. He oído de cristianos que hacen esto y experimentan una «escalada de adoración» inmediata, de categoría corriente a primera clase.

A veces me pregunto qué sucedería si introdujéramos una letra diferente un domingo. Tal vez podríamos introducir sin decirlo una nueva estrofa de «Sublime gracia» que diga:

Siempre canto así,
Admirable cantante soy,
Atención no presto yo, y hambre tengo ya,
Qué placer comer me da.

¿No sería divertido mirar a la congregación y contar cuántos de los que cantan notan el cambio y cuántos se limitan a seguir con la armonía?

Esa es una estrofa que usted quizá nunca cantará, pero me aventuraría a decir que ha cantado la que sigue:

Peligro, lucha y tentación, por fin logré pasar.

Al cantar esas palabras, ¿en qué piensa? ¿Reflexiona en los peligros, afanes y trampas por las que ya ha atravesado en forma personal?

John Newton no escribió estas palabras porque sonaban bien, o para darle a la organista una oportunidad de usar algunos acordes menores efectivos. Las escribió porque las había vivido. Es asombroso cuántos encuentros cercanos con la muerte tuvo este hombre. He visualizado su oficina como teniendo un archivador con tres gavetas: la de arriba rotulada *peligros*, la del medio rotulada *afanes*, y la de abajo rotulada *trampas*; todas repletas con archivos.

Considere unos pocos de sus puntos destacados:

+ En una cacería, Newton por poco se mata al disparar por accidente su escopeta mientras subía por una pendiente. La bala pasó por la visera de su gorra, apenas a unos cinco centímetros de su cabeza.

+ Durante la tormenta que se describió antes, lo enviaron bajo cubierta, y al hombre que tomó su lugar una ola lo lanzó por la borda.

+ De manera similar, a último minuto, su capitán en forma extraña lo sacó de un viaje por río en África. Ese bote se hundió y de nuevo el hombre que tomó su lugar se ahogó.

+ Newton una vez trató de saltar por la borda para recoger el sombrero que se le había caído. Estaba tan borracho que casi se ahoga. Incluso sobrio no podía nadar. Alguien lo agarró y lo subió a bordo.

Los encontronazos con la muerte tienen su manera de hacernos considerar las grandes preguntas sobre la vida y la eternidad. Los propios encuentros cercanos de Newton le llevaron cada vez más cerca a su experiencia de conversión. Consideraba su supervivencia como prueba de que la mano de la Providencia lo sostenía una y otra vez, cuando por cualquier razonamiento humano debería haber perecido. La salvación significaba más que la esperanza del cielo para él; era una experiencia literal que había tenido muchas veces, y la suma total de ellas lo había persuadido de que Dios debía tener un propósito particular para su vida.

¿No le encantaría estar en el cielo cuando John Newton y Pablo se sienten juntos y conversen sobre sus peripecias en la guerra? Aunque no lo crea, usted notaría que los de Pablo son incluso más espeluznantes que los de Newton. Y los días cuando Pablo perseguía a los cristianos serían casi aburridos comparados con su *vida después* de que se hizo creyente. El libro de los Hechos se puede leer como una especie de película de James Bond llena del Espíritu, pero del primer siglo. El apóstol enfrenta la muerte en cada capítulo o cada dos, y luego se sacude el polvo y avanza a la siguiente calamidad.

Estas son solo unas cuantas escenas de acción de Pablo:

- Sobrevivió a un plan de asesinato de parte de los judíos primero y luego de los griegos (Hechos 9:23, 29).
- Lo apedrearon hasta casi matarlo y luego lo arrastraron fuera de la ciudad. Lo dejaron por muerto, y más tarde se levantó y se fue caminando a otra ciudad (Hechos 14:5, 19-20).
- Después que se las arregló para amotinar a toda la ciudad de Jerusalén, arrastraron su cuerpo fuera del templo y luego lo persiguieron los soldados romanos (Hechos 21:30-32).

Incluso si John Newton hablara de naufragios, Pablo podría decir:

«He estado allí», tres de ellos, en realidad. Podría hablar de defender el caso por su vida ante gobernadores. Podría hablar de ser bajado en una canasta por una abertura en la pared, para escapar y que no lo mataran. Tal vez le parecería que su propia vida es bastante ordinaria, y no con exactitud material de un éxito de Hollywood. Puede imaginarse a Pablo y a Newton mirándolo a usted desde la mesa celestial y diciendo:

«Ahora, ¿cuál es tu historia?» y empieza a tartamudear: «Pues bien, como ven, yo no he tenido muchas aventuras en realidad; yo fui un cobrador de impuestos» o, «yo cuidaba la casa».

Pero, un momento. Piense un poco más. Todos tenemos nuestra porción de peligros, afanes y trampas; dramáticos o menos dramáticos, en verdad da lo mismo. ¿Ha perdido alguna vez a un ser querido y pensado que el corazón se le rompería? ¿Ha atravesado un doloroso divorcio? ¿Alguna vez ha estado sin trabajo, sin poder pagar las cuentas, y sin tener certeza de qué va a hacer en el futuro inmediato? O, qué tal esto: ¿alguna vez ha sido padre? Si la respuesta a cualquiera de estas preguntas es sí, entonces usted es una autoridad en peligros, afanes y trampas. No conozco a ningún padre que no se haya quedado despierto por las noches preocupándose por sus hijos por toda clase de razones.

El peligro es como la casa. Usted está allí, viene de ella o está regresando a ella. Estoy seguro de qué tiene su porción de cada uno de estos:

Ocasiones de *peligro* en las que en verdad tuvo miedo.

Ocasiones de *afanes* en las que trabajó casi más allá de lo que podía aguantar.

Ocasiones de *trampas* en las que luchó contra la tentación; a veces ganando, a veces perdiendo.

En este punto me gustaría sugerirle que se detuviera, dejara este libro a un lado por unos momentos, y pensara de forma concentrada. Le insto a hacer su propia lista de los más importantes ejemplos de cada una de las categorías de Newton.

Sus peligros:

Sus afanes:

Sus trampas:

¿Ha hecho su lista? Lo digo en serio. No tenemos ninguna prisa. No avancemos mientras usted no haya pensado con todo cuidado sobre sus peligros, afanes y trampas.

¿Tiene la lista en su mano? Qué bien. Usted ha reflexionado a profundidad en ese punto de presión en donde la verdad se encuentra con la experiencia. Ahora está en el marco mental apropiado para experimentar una bendición, porque en las siguientes páginas Pablo va a ofrecernos una teología de esperanza en tiempo de crisis. Si usted puede tener esas experiencias personales suyas en una mano y tener la guía de la Biblia en la otra, experimentará no solo una mejora de la adoración, sino una mejora de todo en la vida.

Una palabra de advertencia: si usted tiene el hábito de *pensar* en estas palabras en lugar de limitarse a leerlas, ¡su vida puede estar en un peligro significativo de sufrir un cambio para lo mejor!

EL REQUISITO DE LA GRACIA PARA LA VIDA CRISTIANA

*Pero tenemos este tesoro en vasos de barro, para que
le excelencia del poder sea de Dios, y no de nosotros,
que estamos atribulados en todo, mas no angustiados;
en apuros, mas no desesperados; perseguidos, mas no
desamparados; derribados, pero no destruidos.*
—2 Corintios 4:7-9

Imagínese a un viajero de negocios que va de ciudad en ciudad, con su calendario de entrevistas repleto. Sus clientes siempre tienen alguna crisis que esperan que él atienda en forma personal. Es una pequeña riña tras otra, y él siempre está tratando de hacer la paz entre facciones implacables. Su negocio está prosperando, pero hay abundancia de dolores de cabeza y no hay tiempo para descansar.

Así era la vida hace dos mil años, por lo menos para el apóstol Pablo. Su negocio era iniciar iglesias, y cada nueva iglesia traía nuevas alegrías y nuevas crisis. Puesto que Pablo fue el fundador de tantas congregaciones, se halló en medio de una controversia tras otra. Corinto era una iglesia problemática. Parece que allí siempre había trastornos: inmoralidad pública, divisiones, y ahora un problema de falsos profetas. Algunos de ellos estaban poniendo en tela de juicio la autoridad de Pablo, y él escribió la carta que nosotros conocemos como 2 Corintios para defender sus credenciales y ayudar a los miembros de la iglesia a pensar en forma espiritual sobre los problemas que estaban encontrando.

En 2 Corintios 4:7 hallamos a Pablo tratando de ayudar a sus lectores a ver la gloria de nuestro Padre celestial en el polvo de la experiencia diaria. Eso es lo que debe determinar la diferencia en esta vida: ver las cosas desde la perspectiva de Dios. Pablo muestra lo que se puede hacer, porque Dios se había revelado en forma humana en Jesucristo, el tesoro máximo en una vasija terrenal: carne y sangre. Toda la gloria eterna e infinita de Dios brilló por la humanidad de su Hijo, que era plenamente humano y sin embargo plenamente divino. Los enemigos de Jesús le veían nada más que como otro hombre, pero detrás de aquellos ojos moraba el único y verdadero Dios.

Está bien. Pero ¿qué tiene eso que ver con sus problemas y los de los corintios? Aquí viene la parte que debe hacer que un escalofrío nos recorra la espalda, como lo hace en mi caso. Si somos ministros de Cristo (y no quiero decir ministros pagados de una iglesia, sino la clase de ministro que todo cristiano es, por su condición de tal), entonces participamos de esa gloria eterna. Así como el Padre moraba en el Hijo, el Hijo mora en nosotros por el Espíritu Santo. Tenemos este tesoro, el ministerio de Cristo, en nuestras «vasijas terrenales», nuestros cuerpos humanos frágiles e imperfectos.

Este es un concepto difícil de entender, pero Pablo siempre tiene una imagen verbal a mano. Esta vez usa la idea de una vasija de barro. Si había algún objeto por completo ordinario, común, que toda persona en el Medio Oriente podía conocer, era una vasija de barro. Había alfarería barata por todas partes y se la usaba para todo. Las vasijas eran rompibles, pero no importaba, porque con facilidad se podía conseguir otra. Las vasijas de barro eran tan comunes como, pues bien, como el barro debajo de los pies de uno.

Una vasija de barro no tenía valor en sí misma en lo absoluto. Todos lo sabían. Por otro lado, podía contener una perla de valor inmenso, un pedazo de oro, un poco de pan para aplacar el hambre, agua para tomar, un anillo de bodas, e incluso un bebé recién nacido dormido. No era la vasija, sino el tesoro dentro lo que contaba.

Conozco a algunos que tienen Biblias que parecen como si hubieran estado en varios naufragios con Newton. Las cubiertas están estropeadas y rasgadas. Las páginas están casi cayéndose, pero el gastado contenedor contiene la eterna Palabra de Dios.

No es la vasija, sino su contenido. Una humilde concha esconde una perla; un trozo de carbón comprimido es un diamante. Caemos en una de las más grandes mentiras del diablo cuando damos por sentado que nuestras limitaciones humanas determinan alguna diferencia en la obra que hace Dios por medio de nosotros.

Claro que habrá problemas. El barro tiene sus grietas, su límite de calor, su fragilidad. Pero con todo, hace el trabajo y contiene su carga preciosa. «Piensen nada más en todo lo que yo he atravesado», dice Pablo. «¿Es Dios menos real porque yo haya recibido golpes y me hayan apedreado? No, más para nosotros, porque Él da testimonio mediante todas estas cosas».

Peligros, afanes y trampas. Son consecuencias naturales. Pablo le dice a Timoteo que haría bien en esperar maltrato, porque el santo en Jesucristo siempre es perseguido (2 Timoteo 3:12). Y en 2 Corintios 12:7, Pablo menciona su «aguijón en la carne». Eso es otra historia interesante.

EL RECURSO DE LA GRACIA PARA LA VIDA CRISTIANA

Resultó que Dios elevó una vez a Pablo para que viera glorias que ningún hombre había contemplado antes. Para los propósitos de Dios esta visión era necesaria para Pablo. Por otro lado, lo mismo fue una enfermedad de alguna clase. ¿Por qué? Porque la experiencia sobrenatural de Pablo tendería a fomentar el orgullo. Podría arruinarlo para el ministerio. Por consiguiente, Dios permitió un «aguijón», en forma literal una estaca clavada en la carne. A un «mensajero de Satanás» se le permitió que lo «abofeteara» o lo golpeara. En 2 Corintios 12:7, Pablo habla en un lenguaje descriptivo, pero no preciso. No dice la naturaleza precisa del sufrimiento que soportó, pero sí nos dice todo lo que necesitamos saber. Dios permite las pruebas para ayudarnos a mantener la perspectiva y capacitarnos para crecer en lo espiritual.

Y es interesante, ¿verdad? Mientras más grandes sean los planes del Señor para nosotros, en general más necesitamos que se nos pruebe. Mientras más esencial la misión de un ejército, más duro necesita entrenarse. Mientras más significativas sean las lecciones que les está enseñando a sus hijos, más disciplina necesita emplear. Hallamos extraño que Santiago nos diga que consideremos un gozo soportar una prueba (Santiago 1:2-3), pero nada podría tener más sentido.

Si usted está atravesando tiempos difíciles ahora mismo, ¡felicitaciones! Dios le ama, y tiene grandes cosas por delante para usted. A veces sus vasijas de barro necesitan tratamiento al fuego.

Pablo dice de su sufrimiento: «Respecto a lo cual tres veces he rogado al Señor, que lo quite de mí. Y me ha dicho: Bástate mi gracia; porque mi poder se perfecciona en la debilidad. Por tanto, de buena gana me gloriaré más bien en mis debilidades, para que repose sobre mí el poder de Cristo» (2 Corintios 12:8-9).

Es buen consejo considerar nuestros sufrimientos como gozo, pero nadie es bueno para eso. Incluso Pablo le pidió tres veces a Dios que le quitara sus problemas, su «aguijón». ¿El resultado? Dios se lo negó tres veces.

Pregunta: ¿Existe alguna «oración sin respuesta»? ¿O sería más sabio llamarlas «respuestas indeseables»?

Sí, hay veces en que Dios no nos da lo que queremos; pero en esos casos Él nos habla de maneras que son igual de valiosas que las cosas por las que hemos orado. La pregunta es si estamos escuchando. En el caso de Pablo, por ejemplo, Dios le dio esta respuesta a la oración: «Bástate mi gracia» (v. 9). Hay sabiduría muy rica y muy práctica en esa respuesta, mucho más que un rotundo «no».

Es como si Dios nos estuviera diciendo: «No te voy a quitar la prueba, pero sí te voy a dar el poder para soportarla». Esta es otra manera de decirlo: «No te voy a dar lo que quieres, pero te voy a dar lo que necesitas. Si te quito la prueba, no te harías más fuerte, es más, serías un poco más débil y más desvalido, como un niño mimado. Pero si permito la prueba y te ayudo a soportarla, serás más fuerte, más sabio y más útil para mí».

Otra verdad grande en una respuesta de Dios breve: hay poder en la gracia de Dios. El verbo que se traduce «te basta» está en tiempo presente, como lo es la gracia de Dios, que siempre está presente. En toda situación podemos descansar en que Él proveerá la fuerza y el valor. Él nunca nos dará todo lo que queremos, pero siempre nos dará todo lo que necesitamos.

Compare a nuestro Señor con los dioses de todas la religiones del mundo y hallará que la gracia es lo que determina la diferencia. Es el factor X que lo separa de forma radical. Nuestro Dios es «el Dios de toda gracia» (1 Pedro 5:10). Él es bondadoso, benevolente y paciente. No necesitamos hostigarlo, sobornarlo ni aplacarlo. Él en realidad anhela bendecir todos nuestros momentos, todos nuestros días. Él viene a nosotros en vez de exigir que nosotros trepemos por la escalera imposible al infinito para alcanzarlo. La gracia es Dios tomando la iniciativa.

En esta misma carta Pablo explica: «Y poderoso es Dios para hacer que abunde en vosotros toda gracia, a fin de que, teniendo siempre en todas las cosas todo lo suficiente, abundéis para toda buena obra» (2 Corintios 9:8).

Note la repetición de la palabra *todo*. *Toda* gracia abunda hacia nosotros de manera que tengamos *todo* lo necesario en *todo*. Él es todo lo que necesitamos en todo lo que enfrentamos, de modo que todo lo que hagamos pueda desbordarse con su gracia y poder. ¿Sabía usted que era posible vivir de esa manera?

Un viernes por la mañana el pastor británico Charles Haddon Spurgeon estaba planteando un reto a sus estudiantes ministeriales. Les dijo:

Hay muchos pasajes de las Escrituras que ustedes nunca entenderán hasta que alguna experiencia de prueba se los interprete. La otra noche cabalgaba a casa después de un pesado día de trabajo. Estaba cansado y deprimido, y de repente, como un relámpago, este texto se apoderó de mí: «Bástate mi gracia». Cuando llegué a casa busqué el original, y por fin entendí lo que el texto estaba diciendo. MI gracia es suficiente para TI. «¿Por qué?», me dije, «¡Debería pensar que lo es!», y me eché a reír. *La incredulidad parecía muy absurda. Era como si algún pececito con mucha sed tuviera problemas pensando en que secaría el río si bebiera del agua; y el Padre Río le dijera: «Bebe, pececito, ¡mi corriente es suficiente para ti!». O que un ratoncito en los graneros de Egipto, después de siete años de abundancia, temiera morirse de hambre, y que José le dijera: «Alégrate, ratoncito, ¡mis graneros son suficientes para ti!». De nuevo me imaginé a un hombre muy arriba en la montaña diciéndose a sí mismo: «Temo que agotaré todo el oxígeno de la atmósfera». Pero la tierra clamaría: «Respira, oh hombre, y llena tus pulmones; ¡mi atmósfera es suficiente para ti!».*[1]

Véalo de esta manera. Cuando usted tenga un gran problema, pregúntese: «¿Cuán grande es el problema?». Luego pregúntese: «¿Cuán grande es Dios?». Dudo mucho que llegue el momento en que usted halle que el problema es el más grande de los dos. Kenneth Wuest lo dice de esta manera:

Hay suficiente gracia en el corazón de amor de Dios para salvar, y guardarlo salvado para el tiempo y la eternidad, a todo pecador que ha vivido o vivirá, y luego sobra suficiente para salvar a un millón más de universos de pecadores, si los hubiera, y sigue sobrando. Hay suficiente gracia disponible para dar a todo santo victoria constante sobre el pecado, y sobra. Hay suficiente gracia para atender y hacerles frente a todas las tristezas, corazones partidos, dificultades, tentaciones, pruebas y problemas de la existencia humana, y más añadido a eso. La salvación de Dios es una salvación tamaño extragrande. Es a prueba de choques, manchas, irrompible, todo suficiente. Es igual para toda emergencia, porque brota del corazón de un Dios infinito que en forma libre la concede y la da con justicia mediante el sacrificio todo suficiente de nuestro Señor en la cruz. La salvación es todo de gracia. Confíe en la gracia de Dios. Es gracia superabundante.[2]

LOS RESULTADOS DE LA GRACIA EN LA VIDA CRISTIANA

Estamos de acuerdo en que somos nada más que vasijas ordinarias de barro que se usan para exhibir el poder de Dios. Incluso podemos aceptar que nos aguijonearán dolorosas experiencias a fin de aprender que la gracia provee todo lo que necesitamos. ¡Ahora las buenas noticias! Este es el producto de nuestra humillación y nuestros aguijones: el resultado de las pruebas es fuerza.

La gracia de Dios produce poder

Y me ha dicho: Bástate mi gracia, porque mi poder se perfecciona en la debilidad. Por tanto, de buena gana me gloriaré más bien en mis debilidades, para que repose sobre mí el poder de Cristo. Por lo cual, por amor a Cristo me gozo en las debilidades, en afrentas, en necesidades, en persecuciones, en angustias; porque cuando soy débil, entonces soy fuerte.
—2 Corintios 12:9-10

Pablo detestaba el aguijón que lo atormentaba, pero con el tiempo lo aceptó. Sabía que no podía haber ministerio si no hubiera prueba, porque la vida no era asunto de la fuerza de Pablo, sino de la de Dios. Mientras más débil pareciera Pablo, más grande sería glorificado el Señor. Permítame preguntarle: si usted fuera la persona más talentosa del mundo, ¿ayudaría o estorbaría eso su testimonio? La gente diría:

«Uno puede creer lo que quiera cuando tiene tanta capacidad natural». Pero cuando vemos a individuos en absoluto comunes cambiar el mundo para Cristo —y nuestra historia está llena a rebosar de ellos— no queda duda de la presencia de Dios en el mundo.

La próxima vez que piense que todo es cuestión de fuerza y talentos, recuerde lo siguiente:

+ Dios utilizó a un pescador sin mayor educación para que fuera el primer gran dirigente de la iglesia. Se llamaba Pedro.

+ Dios utilizó a un artesano sentado en una celda para escribir *El progreso del peregrino*, uno de los más grandes clásicos en inglés. Se llamaba John Bunyan.

+ Dios utilizó a un monje tímido y desconocido para desatar la más grande reforma cristiana de la historia. Se llamaba Martín Lutero.

+ Dios utilizó a un joven que abandonó los estudios en una universidad bíblica para predicar el evangelio a más personas que nadie en la historia. Se llamaba Billy Graham.

+ Dios utilizó a un vulgar zapatero para producir avivamientos y nuevos ministerios por todo el mundo. Se llamaba Dwight L. Moody.

Fue Moody quien dijo: «Para alcanzar a este mundo, estoy convencido de que tienen que hacerlo hombres y mujeres de talento promedio». Se cuenta que en una ocasión estaba predicando en Londres. Estaban presentes los miembros de la familia real y otros notables. Cuando Moody llegó al nombre de Eliseo en Lucas 4:27, casi no podía lograr que la palabra saliera de su boca. Empezó a leer el versículo de nuevo desde el principio, pero de nuevo se tropezó en la misma palabra. Una tercera vez, con los mismos resultados. Muy preocupado, cerró la Biblia y dijo: «¡Ay, Dios, usa esta lengua tartamuda para predicar a Cristo crucificado a estas personas!». Desde ese momento predicó con un poder que sus seguidores más cercanos nunca habían oído. La multitud quedó asombrada esa noche por la presencia de Dios.[3]

Esta es una de las más profundas verdades espirituales. Recuerde que el tesoro máximo en una vasija terrenal es el propio Hijo de Dios, a quien la clase dirigente pensó que podía matar. Debido a que estaba hecho de carne y hueso, dieron por sentado que era nada más que otro hombre al que se podía aplastar bajo el pulgar del Imperio Romano. Era un simple carpintero rural de Nazaret, o al menos eso pensaban.

¿Y si Dios hubiera escogido más bien salvar al mundo como su pueblo escogido quería que se salvara, mediante el genio militar de un dirigente fabuloso? ¿Qué hubieran dicho de Dios, si es que decían algo? Más bien, incontables personas han venido a Cristo al llegar a la conclusión de que solo una clase de poder podía trastornar al mundo poniéndolo de cabeza como lo ha hecho por décadas. La debilidad de la humanidad es el recipiente adecuado para glorificar a Dios.

La gracia de Dios provee perspectiva

Porque esta leve tribulación momentánea produce
en nosotros un cada vez más excelente y eterno peso
de gloria; no mirando nosotros las cosas que se ven,
sino las que no se ven; pues las cosas que se ven son
temporales, pero las que no se ven son eternas.
—2 Corintios 4:17-18

Cuando uno lucha con alguna prueba, su primera pregunta tal vez sea: «¿Por qué está sucediendo esto?». Una pregunta mejor sería: «¿Qué es lo que Dios está enseñándome?».

Para nosotros es difícil recordar que el gran deseo de Dios es que veamos las cosas como son en realidad, antes que como parecen ser. Como Pablo dice, ahora vemos como por espejo, oscuramente. Dios siempre está obrando para quitar la niebla de modo que podamos tener su perspectiva celestial. ¿Ha conocido usted alguna vez a algún niño al que se le ha dado todo lo que se le antoja? ¿Cuál es el resultado de ese tipo de crianza? Resulta en niños malcriados, indisciplinados, que piensan que el mundo siempre les servirá en bandeja de plata sus antojos a un chasquido de sus dedos.

Estoy seguro de que usted concordará en que los buenos padres no crían a sus hijos de esa manera. Más bien, les niegan a sus hijos ciertas demandas cuando es apropiado. Los padres eficaces siempre usan el momento para una lección objetiva. Hacen saber a sus hijos que amor no es lo mismo que mimos. ¿Sería su Padre celestial menos sabio que usted como padre? Él rehúsa resolver todos nuestros problemas, pero nos da la gracia sustentadora que necesitamos para hacerles frente.

¿Puede usted recordar cuando llevó a su hija de tres años a una nueva clase de Escuela Dominical? A lo mejor ella se puso a llorar. A lo mejor se agarró de sus piernas y le suplicó que no la abandonara, hasta que la situación le rompió el corazón. A lo mejor usted sintió el impulso de rendirse y llevar a su hija a la clase de adultos consigo o quedarse con ella en la clase de niños. Si se rindió, entonces no ayudó a su hija a aprender cómo ajustarse a un nuevo medio ambiente. Más bien, le enseñó que una actitud lastimosa obtenía los resultados deseados.

Ahora considere aquella ocasión en que usted fue una versión tamaño adulto de esa situación: había perdido su trabajo o se afligía por una relación personal perdida, tal vez. Al clamar a Dios, ¿no piensa que eso le conmovió su corazón de amor? ¿Piensa que Él no anhelaba levantarlo en sus brazos y darle todo lo que quería? Pero Él lo amó lo suficiente como para no ceder. Él sabía que llegaría a ser mucho más sabio y mucho más fuerte al aprender a depender de su gracia en tiempos de tormenta. Una vez que dejó sus gimoteos y se hubo calmado, tal como la niña lo hace en un nuevo salón de clases de Escuela Dominical, pudo oír a Dios decirle cosas bien nuevas. Usted se sintió creciendo. Usted dijo: «Atravesé esta prueba al confiar en Dios, y la próxima vez no me dejaré derribar con tanta facilidad».

Consideremos las maneras asombrosas en que Dios nos cultiva mediante nuestras luchas, conforme a este pasaje de las Escrituras.

1. *Las aflicciones nos ayudan a ansiar la gloria.* Reinar con Cristo requiere sufrir con Él; sin cruz no hay corona. Pero aferrarnos a la mano de Cristo en la oscuridad nos da un vislumbre de la naturaleza gloriosa de liberación que vendrá.

2. *Las cosas ligeras nos ayudan a apreciar las cosas pesadas.* Pablo los llama «leve tribulación», y con franqueza, eso es lo que son la mayoría de nuestros sufrimientos. Son como modelos en pequeño del sufrimiento «más alto» llamado muerte, y la gloria más alta de la vida eterna. Dios enseña verdades poderosas mediante medios más pequeños.

3. *Las cosas temporales nos ayudan a apropiarnos de las cosas eternas.* «Las cosas que se ven son temporales, pero las que no se ven son eternas» (2 Corintios 4:18). La esperanza de ganarse una medalla olímpica de oro impulsa a los atletas a perseverar en el dolor de la dedicación, e incluso a apreciarlo. Comparando el valor de los placeres temporales con la gloria potencial, perseveran. Las medallas de oro son de valor efímero. Algunas incluso terminan en tiendas de empeño a cambio de un metal diferente. La meta que tenemos delante también requiere perseverancia vigorosa en el dolor. A diferencia del competidor esperanzado, nosotros podemos tener la confianza de que toda prueba, toda lucha, tiene un propósito en particular para producir en nosotros algún valor eterno.

4. *El dolor externo ayuda a acelerar el progreso interno.* «Por tanto, no desmayamos; antes aunque este nuestro hombre exterior se va desgastando, el interior no obstante se renueva de día en día» (2 Corintios 4:16). ¿No es emocionante que la ciencia moderna apenas esté empezando a afirmar lo que la Biblia ha dicho siempre? Hay una relación estrecha entre el cuerpo, la mente y el alma. Por eso hallamos personas con defectos físicos que tienen capas adicionales de sabiduría que pocos otros han obtenido. El sufrimiento corporal nos lleva a lo más profundo. Hallamos en los lugares quebrantados a Dios, que nos enseña y estimula.

John Newton escribió: «¡Miraremos hacia atrás a las experiencias por las que el Señor nos condujo y quedaremos abrumados de adoración y amor a Él! Entonces veremos y reconoceremos que la misericordia y la bondad dirigieron todo paso. Veremos que lo que en un tiempo por error llamamos aflicciones y desventuras fueron en realidad bendiciones sin las cuales no habríamos crecido en la fe».[4]

No podemos hacer que nuestros problemas desaparezcan con solo desearlo, y es improbable que pongamos una sonrisa fingida como si los disfrutáramos. Lo que podemos hacer es encararlos de frente y con sobriedad, y rehusar verlos como disparos al azar en un mundo cruel. Antes bien, sabemos que son retos necesarios para el crecimiento positivo que queremos experimentar. ¿Quién quiere quedarse como niño para siempre? Sabemos que necesitamos un buen ejercicio. Sabemos que es necesario para desarrollar nuestros músculos espirituales. No hay músculos de ningún tipo que se fortalezcan sin resistencia.

Cuando uno está en el gimnasio, a veces puede pasar por el ejercicio más agotador pensando en los músculos que la máquina está desarrollando. Sugiero que haga lo mismo en tiempos de lucha. ¿Qué es lo peor? ¿Qué parte de su carácter va a ser tanto más piadoso mañana? Amigo mío, la perspectiva cambiará del todo la forma en que enfrentas los retos.

En uno de sus libros, mi amigo Ron Mehl escribió estas palabras:

«Las tormentas siempre nos dejan con una lista de cosas que arreglar y limpiar. Son las ocasiones en que Dios nos restaura las cosas que perdemos por negligencia, ignorancia, rebelión o pecado. Para el cristiano, las tormentas son una proposición sin pérdida. Me ayudan a ver y reconocer en mi vida las contraventanas sueltas, las tejas que faltan y los postes de cerca podridos mientras que me hacen regresar al Único que puede hacer las reparaciones necesarias».[5]

La gracia de Dios promueve la perseverancia

Estamos atribulados en todo, mas no angustiados;
en apuros, mas no desesperados; perseguidos, mas no
desamparados; derribados, pero no destruidos.

—2 Corintios 4:8-9

En 2 Corintios 6:4-5, Pablo menciona sus luchas personales como tribulaciones, necesidades, angustias, azotes, prisiones, tumultos, trabajos, desvelos y ayunos. Recuerde que su autoridad estaba bajo ataque en esta iglesia. Considere el hecho de que él escoge sus *problemas* como sus credenciales. ¿Puede imaginarse a un pastor hoy ofreciendo tales problemas a una iglesia como su currículo? Pablo sugeriría el desvelo y la prisión como dos razones por las cuales él sería un buen pastor. Y por supuesto, tendría razón.

Note también los cuatro «medidores» que Pablo usa para demostrar la diferencia que la gracia de Dios ha hecho en su vida (y hará en la suya). Cada uno de estos medidores toma una medida en particular del estado emocional. Imagínese el primer medidor. En un extremo del medidor está la palabra Victorioso, y al otro, Derrotado. Debido a la gracia, la aguja del medidor continúa oscilando cerca del extremo Victorioso, y eso significa que a pesar de la presión usted puede seguir avanzando. El segundo medidor muestra Confianza y Desesperanza en sus extremos y, mientras que más a menudo estamos más perplejos que confiados, debido a la gracia, nunca estamos desesperados. No hay necesidad de ir más despacio.

Estos medidores establecen la diferencia entre un tanque de combustible vacío y uno que solo está bajo. La gracia determina esa diferencia: usted avanza con cautela pero no se queda sin combustible a un lado de la carretera. Estos son los cuatro medidores:

1. *Estaba atribulado en todo, mas no angustiado.* Pablo está diciendo que siente el apretón, pero no está destrozado. El término significa ser arrinconado en un lugar estrecho. Pablo fue un hombre que pasó tiempo en algunas celdas muy pequeñas de la cárcel. Como se da cuenta usted al leer las cartas carcelarias, su gozo no podía quedar reducido por la falta de espacio; solo aumentaba. La gracia movía esa aguja.

2. *Estaba en apuros, mas no desesperado.* A veces los problemas de las iglesias llevaban a Pablo al fin de sus recursos; pero él nunca se dio por vencido, y siempre halló una respuesta apropiada. La gracia lo mantuvo avanzando hacia la solución correcta.

3. *Estaba perseguido, pero no desamparado.* La palabra que se traduce «perseguido» se deriva de la idea de ser cazado o perseguido. Como hemos visto, Pablo sabía algo de esa clase de cacería, y también sabía sobre ser cazado. Aun cuando parecía que sus enemigos eran mucho más numerosos que sus amigos, nunca se sintió abandonado, porque el Dios Todopoderoso siempre estaba con él con gracia suficiente para toda necesidad.

4. *Estaba derribado, pero no destruido.* El verbo aquí significa «ser derribado a golpes». Pablo a menudo quedó derribado, pero nunca vencido. A veces lo dejaron por muerto, pero no murió. Se siguió levantando para predicar el evangelio de la gracia de Dios. Cuando estaba en prisión, su trabajo parecía florecer. Hasta el mismo fin de su vida estaba planeando nuevos destinos y nuevas iglesias. La clase de esperanza que Pablo tenía no podía ser suprimida por más que se la golpeara. La gracia la hacía eterna.

La gracia de Dios promueve la alabanza

A veces podemos reunir joyas ocultas nada más que echando un vistazo más de cerca a la estructura gramatical de las oraciones de Pablo.

Por ejemplo, note las tres frases en estos pasajes que empiezan con la expresión *para que.* Puede parecerle algo insignificante, pero Pablo en realidad la usa como puente de la acción humana al destino santo. *Para que* significa «a fin de que» o «de modo que».

Estas son las tres afirmaciones:

2 Corintios 4:7	*«para que la excelencia del poder sea de Dios, y no de nosotros».*
2 Corintios 4:11	*«para que también la vida de Jesús se manifieste en nuestra carne mortal».*
2 Corintios 12:9	*«para que repose sobre mí el poder de Cristo».*

Leyéndolas juntas, vemos que surge un patrón.

Hacemos lo que hacemos:

+ para que el *poder de Dios* esté presente en nosotros.
+ para que la *vida de Jesús* se manifieste en nosotros.

✦   para que el *poder de Cristo* pueda permanecer sobre nosotros.

De nuevo, Pablo está señalándonos un puente que Cristo ha construido. En un lado del río uno experimenta peligros, afanes y trampas. Es muy fácil desalentarse y desarrollar una actitud negativa y descreída. Entonces nuestro amigo Pablo nos invita. Señala a estos puentes que parecen desaparecer en la niebla que está sobre el río. Decidimos cruzar esos puentes, porque las cosas no pueden ser peor de lo que son de este lado. Del otro lado, hallamos el poder ilimitado de Dios y la vida rejuvenecedora de Cristo.

Pero ¿qué son esos puentes? Son *actitudes* en cuanto a nuestras vidas y nuestras pruebas. Las actitudes del mundo llevan a un callejón sin salida. La actitud con respecto a estos puentes nos lleva a un mundo nuevo por completo. Nos damos cuenta de que hay un propósito en nuestro dolor. Dios se propone algo, y siempre es algo muy bueno, algo que vale la pena esperar. Empezamos a confiar, poniendo nuestros ojos en Él antes que en nuestros conflictos. Habiendo hecho eso, nos hallamos andando: primero un paso tentativo, y después otro. Oímos el eco de nuestras pisadas sobre el puente. Avanzamos por entre esa niebla. Entonces empezamos a distinguir las formas de lo que está al otro lado: formas de madurez, de sabiduría, de nueva fuerza y nuevo servicio para Dios.

Antes de que nos demos cuenta, ya no estamos pensando en nuestras debilidades.

John Newton perdió a su esposa de este lado del puente. Esto seguro que fue la prueba culminante de su fe, porque él la quería con profundidad por sus muchos años de matrimonio. Habiendo estado casado por veintidós años, le escribió una carta que decía: «Toda habitación donde tú no estás parece sin muebles».[6]

Sin embargo, un día empezó a enfrentar la perspectiva de vivir su vida en habitaciones sin muebles. Había esperado de todo corazón que él precedería a su esposa a la tumba. Pero ahora estaba claro que su amada Mary se debilitaba cada día más. Los amigos de Newton se preocupaban por él; no podían imaginarse cómo enfrentaría la vida sin Mary a su lado.

El cristiano debe estar «atribulado pero no aplastado; en apuros, mas no desesperado». ¿Preferiría Newton tener ese nivel exigente de madurez espiritual?

El día de la muerte de Mary, John Newton predicó en el culto en la hora regular. Al día siguiente visitó a los feligreses, y luego al final predicó el sermón en el funeral. ¿Se afligió él? Por supuesto, de una forma tremenda. Más tarde escribiría: «El Banco de Inglaterra es demasiado pobre para compensarme por esta pérdida. Pero el Señor, el Dios todo suficiente, habla, y se hace. Que los que le conocen y confían en Él se animen. Él puede darles fuerza de acuerdo a su día. Él puede aumentar la fuerza conforme las pruebas aumentan, [...] y puede hacer lo que ha prometido que hará».[7]

John Newton había probado ese puente y halló que soportaba su peso. A decir verdad, la gracia de Dios tiene fuerza ilimitada. Cada uno de nosotros puede confiarle su propia vida. Nunca ha fallado, ni nunca fallará.

Su gracia es suficiente, sin que importe lo que usted tal vez esté enfrentando ahora mismo. Su gracia nos conducirá por toda prueba imaginable, hasta que empecemos a vernos unos a otros y no nos veamos a nosotros mismos, sino a la imagen del mismo Cristo, nuestra esperanza, nuestro refugio y nuestra meta. En ese día, usted y yo miraremos hacia atrás con corazones de gratitud y amor por estas ansiedades terrenales. Los problemas serán muy reales, pero a la luz de la sombra de Cristo, de alguna manera se diluyen en la niebla.

Momentos *de* gracia

❧

Mire de nuevo a las listas que preparó de sus propios peligros, afanes y trampas. ¿Está usted aplastado o animado? ¿Está echando mano de su reserva de gracia?

Su interacción diaria con la Palabra de Dios es un barómetro de su capacidad para aprovechar el acceso a la gracia de Dios para las necesidades de cada día. Eche un vistazo a su Biblia por un momento.

¿Muestra ella las señales de estar gastada y deteriorada por un uso frecuente, o parece que acaba de sacarla de la caja? ¿Están sus versículos subrayados y bien marcados? ¿Se ha apoderado usted de promesas específicas para necesidades específicas? ¿En cuáles versículos individuales se está apoyando ahora mismo?

Si necesita hacerlo mejor en este aspecto y no está seguro de dónde empezar, trate de leer 2 Corintios, el libro en el cual Pablo habla en forma abierta de sus propias luchas. Este libro contiene muchos «versículos de victoria». Busque uno o dos, enciérrelos en círculos en su Biblia, y úselos para apropiarse de la gracia todo suficiente de Dios para su situación, ahora mismo.

CAPÍTULO OCHO

La segura promesa de la gracia

Su gracia siempre me libró y me guiará feliz

Hay ocasiones en que sentimos que hemos logrado meter la vida en un molde que parece cómodo. Esperamos que haya llegado el tiempo de disfrutar de algo de alegría en el ritmo diario. La vida tiene sentido, y tenemos un sentimiento reposado de satisfacción.

En esas ocasiones, empezamos a saborear esos patrones de vida que nos ayudan a navegar el paso del tiempo: la llegada familiar de las estaciones, los ritmos del trabajo honesto y la vida diaria, las sutiles transiciones de envejecer.

Entonces, como ladrón en la noche, algunos sucesos entran sin invitación en nuestras vidas. En menos de lo que canta un gallo, el trabajo de años se deshace. El patrón de confianza queda destruido, y la vida según la conocemos parece estar amenazada. De repente, el mundo no parece tan ordenado y natural, sino más bien fortuito e inmisericorde.

John Newton tal vez alimentó algunos de estos pensamientos a mediados de la década de 1750, cuando su propia vida quedó destrozada por una crisis.

Todo había estado marchando muy bien, justo hasta esa tarde de noviembre de 1754. Ese día él estaba tomando té con su esposa, disfrutando de la bebida caliente y del fuego de la chimenea, que ahuyentaba el frío del otoño. Su mente se movía con gozo entre los detalles de último minuto en la preparación de una nueva aventura en el mar. En apenas dos días, sería capitán y pilotearía un barco flamante en su viaje inaugural: el *Bee* [Abeja].

Los marinos disfrutan de la expectativa del siguiente viaje: enrolar a la tripulación, embarcar los enseres, hundir la pluma en la tinta para escribir esa primera anotación en el diario de navegación. De seguro la mente de Newton estaba tan atareada como la abeja que le dio el nombre a la embarcación.

Y entonces, en un santiamén, su cuerpo cayó inconsciente al piso. Mary gritó llena de pánico. Su esposo se había desmayado sin advertencia alguna. Solo la regularidad de su respiración mostraba alguna evidencia de vida. Después de eso, con lentitud se despertó con un terrible dolor de cabeza que no se le quitaba, así como también el mareo que nunca sería apropiado para un capitán de barco. No le quedó otra alternativa que renunciar a la única carrera que conocía.

John Newton nunca más volvería a navegar.

El corazón se le partía al seguir las noticias del nombramiento de otro hombre como capitán del *Bee*. Conforme la nave desaparecía en el horizonte, Newton sentía como si estuviera observando el trabajo de su vida desvaneciéndose. Todo lo que podía hacer era conformarse con su propio período de recuperación y comenzar a pensar en lo que haría durante el resto de su vida.

No había pasado mucho tiempo cuando llegaron noticias respecto al *Bee*. Había habido una revuelta a bordo. Los esclavos se habían apoderado de la nave y mataron al reemplazo de Newton, junto con otros dos hombres.

¿Qué pensamientos le pasaron por la mente a este capitán retirado? *La gracia me libró de la perdición y me llevará al hogar...*».

Imagínese haber escapado de la muerte solo por una enfermedad extraña y repentina a último momento. ¿Qué pensaría usted? ¿Cómo afectaría eso su perspectiva?

Por un lado, de seguro estaría agradecido de que Dios hubiera intervenido para librar su vida. Por otro lado, tal vez preguntaría:

«Señor, ¿qué planes tienes para mí ahora? Navegar es todo lo que yo sé». Pero la mayor calamidad estaba todavía por venir. Justo cuando Newton estaba recuperándose de su ataque, su esposa se enfermó a su vez. Por once meses él la cuidó, orando que Dios no se la llevara, que en su providencia la dejara con vida así como lo había dejado a él.

Había que pagar a los médicos. Había que comprar provisiones para la despensa. Mientras Mary estaba todavía enferma, Newton aceptó el cargo de analista de mareas en la distante Liverpool. Era un buen trabajo, pero requería sacrificio. Tenía que dejar a su amada Mary al cuidado de otros. En ese momento la supervivencia de ella era cuestionable. Los médicos habían hecho todo lo que podían. Cuán agonizante es tratar de aprender las destrezas de un nuevo oficio mientras uno se pregunta si su compañera todavía se aferra a la vida, o si alguna vez volvería a verla de nuevo.

Dios es bueno. Newton lloró de alegría y agradecimiento cuando el Señor sanó a su esposa justo en el mismo umbral de la muerte. ¡Fue un milagro! Ahora la pareja podría volver a estar junta. Sentados de nuevo junto a la chimenea, se preguntaban por los misterios de la providencia. ¿Por qué Dios se había llevado a otro capitán, y, sin embargo, por otro lado, le había quitado la carrera a Newton? ¿Por qué casi había llamado a casa a Mary, solo para ceder en el último instante?

Era cuestión de esos patrones.

Vistos desde un ángulo, parecía como si los patrones agradables de su vida hubieran quedado destrozados. Pero uno podía darle la vuelta al cuadro y percibir que había otros patrones obrando más profundos: las obras complejas de Dios Todopoderoso. La intervención de la mano de Dios era incuestionable. John y Mary convinieron en que el Señor obraba de maneras misteriosas para realizar sus maravillas. Dios tenía sus propios calendarios y sus propios propósitos que formaban una red intrincada que ningún mortal podía desenredar en esta vida.

Los patrones de Dios eran más misteriosos que la profundidad de los mares no cartografiados, y, sin embargo su gracia era tan clara como la nieve que caía. Esa gracia no era ningún misterio. Era absoluta, lo abarcaba todo, y era tan vasta como el cielo en una noche estrellada sobre cubierta.

La conclusión del asunto fue que la vida era extraña, pero que Dios era bueno. John y Mary Newton debían confiar en Él y no albergar ansiedad al respecto. Cuando Alguien lo ama a uno, uno puede contar con Él.

LA PIEDRA ANGULAR
DE ROMANOS 8:28

La mente de Newton volvía una y otra vez a luchar con esa profunda frase en el corazón de la carta a los Romanos, en el corazón de la Palabra de Dios, en el corazón del carácter de Dios y de la vida de toda persona. Romanos 8:28 es la piedra angular de la misma trama de su destino y el mío. Es con probabilidad el renglón más conocido que el apóstol Pablo escribió; por cierto uno de los más citados y aprendidos de memoria. Los cristianos se aferran a él durante las tempestades de sus vidas como a un pedazo de madera flotando en el mar. Aquí está, tal vez tan conocido como la dirección de su casa: «Y sabemos que a los que aman a Dios, todas las cosas les ayudan a bien, esto es, a los que conforme a su propósito son llamados» (Romanos 8:28).

John MacArthur describe Romanos 8:28 como «imponente en su magnitud, abarcando en absoluto todo lo que tiene que ver con la vida del creyente».[1]

John Phillips observa que «como los engranajes de una maquinaria intrincada, todas las cosas obran para el bien de los llamados de Dios por la sencilla razón de que los propósitos de Dios no se pueden trastornar».[2]

Tal vez estos patrones sean como los engranajes de una maquinaria, pero son mucho más como una tremenda roca debajo de sus pies. Cuando toda la tierra parece temblar, y cuando ya nada parece estar seguro, uno puede pararse con firmeza en esta roca, porque ninguna línea de falla puede arrancarla. Ningún temblor puede aflojarla. Porque esta roca es como una joya hermosa dentro de las playas de la eternidad, así que es una herramienta, no del tiempo ni del espacio, sino de la mano de amor de Dios.

Exploremos cinco verdades increíbles de este asombroso versículo.

Romanos 8:28 es una promesa certera

Y sabemos...

Cinco veces en la Epístola a los Romanos, Pablo se afirma sobre la seguridad de que *sabemos*. El apóstol en realidad está diciendo: «todos saben» o, por lo menos, «los cristianos saben». Es cuestión de conocimiento común, un hecho en el que todo el mundo concuerda. Pablo no está especulando que Dios tal vez tenga el control. Está recordándonos que sabemos esto con certeza. Donald Barnhouse destaca que «sabemos» puede ser la parte más excelente del versículo. Descubrir después del hecho que todo estaba en la mano firme de Dios; pues bien, eso sería maravilloso. Pero Dios nos da esa seguridad *ahora mismo*. «Aferrarse a ese hecho es calmar la turbulencia de la vida, y traer tranquilidad y confianza a toda la vida. Nada puede tocarme a menos que pase por la voluntad de Dios».[3]

Es como si todos fuéramos personajes en una novela de suspenso, cuando de repente el apóstol Pablo se introduce a hurtadillas para susurrar una palabra del autor. «El Novelista concibió una trama extraordinaria y complicada», dice. «Todo resulta bien, aunque se pone un poco espeluznante para uno en algunos capítulos. Cuando todo se resuelva, ustedes van a vivir felices para siempre, y el villano será castigado».

Uno se siente bien cuando cuenta con información interna. Ahora todo lo que tenemos que hacer es seguir con nuestras escenas de la novela con una sonrisa aflorando a nuestra cara; una sonrisa que dice *sabemos*.

¡Sabemos! Pero ¿qué es lo que *no* sabemos?

«Y de igual manera el Espíritu nos ayuda en nuestra debilidad; pues qué hemos de pedir como conviene, no lo sabemos, pero el Espíritu mismo intercede por nosotros con gemidos indecibles» (Romanos 8:26).

¿Puede ver los patrones de los versículos 26-28? Pablo está diciéndonos que hay cosas que sabemos, y cosas que no podemos saber.

Podemos sentirnos muy bien en cuanto al cuadro general (v. 28), pero los detalles son un misterio, porque no sabemos con exactitud por qué cosas orar (v. 26). Una de las más grandes ironías de la vida cristiana es que a menudo tenemos certeza en cuanto a lo último e incertidumbre en cuanto a lo inmediato.

La verdad es esta, Dios está diciendo: «Quiero que sepas ahora mismo que toda la historia, incluyendo la porción que constituye tu vida, está por completo bajo mi control. Sin que importe cómo las cosas puedan parecer, todo detalle es parte de un cuadro hermoso. Pero estoy dejando esos detalles como retos de fe a fin de prepararte para el mundo en el que participarás un día. Debes confiar en mí en esas cosas pequeñas, sabiendo que las cosas grandes están establecidas».

Al explorar las muchas implicaciones de este versículo, digamos una palabra en cuanto a lo que *no* dice:

+ No dice que si esperamos todo resultará como nos gusta.
+ No dice que mediante el pensamiento positivo uno pueda hacer que las cosas resulten.
+ No dice que nada de lo que hacemos tiene sentido porque Dios es el que maneja todas las cuerdas.

Sí dice que Dios tiene el control, pero que intervendrá en este mundo para usar todo lo que sucede como parte de su plan integral: su plan, por el bien supremo para usted. Él está obrando siempre, en todos los sucesos, para bien de todos los creyentes: «Yo soy Dios, y no hay otro Dios, y nada hay semejante a mí, que anuncio lo por venir desde el principio, y desde la antigüedad lo que aún no era hecho; que digo: Mi consejo permanecerá, y haré todo lo que quiero. [...] Yo hablé, y lo haré venir; lo he pensado, y también lo haré» (Isaías 46:9-11).

Romanos 8:28 es una promesa integral

Todas las cosas...

Tal vez su Biblia traduzca estas palabras de una manera diferente. Tal como descubrimos que «sabemos» abarca todo un cúmulo de hechos que se dan en una sola palabra, lo mismo sucede aquí.

Todas las cosas es nuestra seguridad de que no hay límites. La oferta es integral e incondicional. No hay letra menuda. Todas las ventas son finales. O, como tal vez le diríamos al escéptico: «¿Qué parte de "todas las cosas" no entiende?».

No piense que Pablo está siendo un optimista iluso que considera solo las cosas de la vida que ya son favorables. En esta carta, como también en las otras, habla de sus muchas pruebas. En 2 Corintios, como vimos en el capítulo previo, ofreció todo un currículum de golpes duros. Los presentó como sus credenciales para el ministerio. Tan reciente como en Romanos 8:17, Pablo ha hablado de sus «sufrimientos». También oímos de los «gemidos» en el versículo 23. Pero estas desdichas también son parte del gran plan que Dios está realizando. Los sucesos negativos tienen propósitos positivos.

Pero ¿está Pablo diciendo: «Todo es bueno»? ¿Está él afirmando que no hay cosa tal como el mal, debido a los resultados finales?

De ninguna manera. La muerte de un ser querido nunca es algo bueno, y el Espíritu de Dios llora dentro de nosotros en el funeral. El día terrible que usted tuvo ayer es nada más que un día terrible. Se sentía malo; *era* malo. La diferencia de Romanos 8:28 es que estas son cosas malas que Dios *usa*. Son piezas de un gran rompecabezas que son feas cuando se las considera en forma individual; pero en el cuadro final serán una parte y dan gloria a Dios y obran para el bien del creyente.

Las cosas malas, entonces, siguen siendo malas; pero Dios sigue siendo bueno, y Él es el Señor de esas cosas malas. Él es capaz por completo de usarlas de maneras que brillarán con una belleza que veremos un día, bien sea en esta vida o en la vida venidera.

Pablo usa la frase *todas las cosas* varias veces en sus cartas. En cada caso llegamos a entender que servimos a un Dios de todas las cosas.

No hay nada delante de nosotros, nada dentro de nosotros ni fuera de nosotros, nada que podamos ni siquiera imaginarnos que no sea algo de Dios y usable dentro de su plan.

Nos conviene mirar a este mundo de tiempo en tiempo y recordarnos que servimos a un Dios soberano. Él es el Señor de *todo*. Todo en la creación es nada más y nada menos que la obra de sus manos. Tenemos su promesa de «reunir *todas las cosas* en Cristo, en la dispensación del cumplimiento de los tiempos, así las que están en los cielos, como las que están en la tierra» (Efesios 1:10).

Romanos 8:28 es una promesa compleja

... les ayudan ...

Pablo mira a este mundo cambiante, movedizo y complejo, y nos dice que todas las cosas obran en conjunto.

La expresión en el griego usa la palabra *sunergeo*, de donde obtenemos la palabra *sinergismo*: la obra conjunta de varios elementos para producir un efecto más grande que, y a menudo diferente por completo de, la suma de cada elemento actuando en forma separada.

En el mundo físico, la combinación precisa de substancias químicas de otra manera dañinas puede producir sustancias que son de uso positivo para nosotros en forma maravillosa. Por ejemplo, la sal común se compone de dos venenos: sodio y cloro. Hablando en términos de sinergia, el producto final es mucho mejor que la suma de sus partes.

En el sinergismo divino Dios mezcla hierbas y especies amargas con otros ingredientes más agradables para producir la sopa perfecta. O, como Annie Johnson Flint lo ha expresado con tanta belleza en verso:

En una fábrica hay ruedas y engranajes,
Hay cigüeñales y poleas, correas tensas o flojas;
Algunas girando muy rápido, otras girando con lentitud,
Algunas empujando hacia delante, otras hacia atrás;
Algunas son lisas y silenciosas, otras son ásperas y ruidosas,
Golpeando, traqueteando, con estruendo, moviéndose
  con un sacudón;
En una confusión salvaje, en lo que parece caos,
Alzando, empujando, impulsando; pero hacen su trabajo.
Desde la palanca más poderosa al piñón más diminuto,
Todas las cosas se mueven juntas para el propósito planeado;
Y detrás del trabajo hay una mente que controla,
Y una fuerza que dirige, y una mano que guía.
Así todas las cosas están obrando para el amado del Señor;
Algunas cosas pueden ser dolorosas si se las ve solas;
Algunas pueden incluso estar ocultas; algunas pueden
  hacernos retroceder;
Pero todas obran juntas, y obran para bien,
Todos los anhelos trastornados, todas las negativas severas,
Todas las contradicciones, difíciles de entender.
Y la fuerza que las sostiene, las acelera o las retrasa,

*Las detiene, las hace arrancar y las guía: es la mano de
nuestro Padre.*[4]

¿Es nuestro universo nada más que una máquina afinada al
detalle, y no somos nosotros nada mejor que sus pernos y tuercas?
No, eso es un grotesco malentendido, aunque común, de la hermosa doctrina de la providencia de Dios. Ya conocemos la belleza
de la «máquina» que Dios ha creado: la salida y puesta del sol, las
cuatro estaciones, las temporadas de la vida. Podemos observar la
manera en que interactuamos unos con otros como personas: en
el matrimonio, al criar hijos, en las amistades. Todas estas son las
sutiles obras de la instrumentación de Dios, pero lo más hermoso
de todo es que, a diferencia de las máquinas que nosotros mismos
construimos, esta tiene partes que actúan como agentes libres. La
grandeza de Dios nos ha dado libertad incluso dentro de los deli-
cados movimientos de un universo predeterminado para cumplir
sus propósitos finales.

Romanos 8:28 es una promesa reconfortante

... a bien ...

Es maravilloso hojear la Biblia y disfrutar de las promesas que
llenan sus páginas. A lo largo de las Escrituras, Dios nos habla
de todas las cosas buenas que Él desea darnos, nada más porque
nos ama con mucha devoción. Las promesas de Dios son buenas,
porque Él es bueno, bueno en forma infinita. «Toda buena
dádiva y todo don perfecto descienden de lo alto, del Padre de
las luces, en el cual no hay mudanza, ni sombra de variación»
(Santiago 1:17).

Cuando se trata de «cosas buenas», usted y yo vemos ante
nosotros riquezas hasta avergonzarnos. Pruebe a hacer este

experimento. Mañana por la mañana, cuando se levante, tome un lápiz y una libreta. Al caminar, anote cada cosa buena en su vida, ya sea que se trate de algún suceso, o algún pensamiento, o algo que ve. Si tiene que ir a trabajar, le predigo que ni siquiera saldrá de su casa: estará demasiado atareado escribiendo. Dios ha colmado su vida y la mía con bondades como la familia, seguridad, necesidades, amigos, intereses, un mundo hermoso, y... pues bien, si empezamos la lista aquí, nunca terminaríamos este capítulo. ¿Ve lo que quiero decir?

Si usted trata de hacer este experimento, pienso que se verá obligado a abandonarlo bien pronto. Los pensamientos empezarán a surgir cada vez con mayor rapidez conforme sintoniza su corazón en gratitud hacia el Dador de estos dones. Hay solo un Dador, por supuesto. Todo viene de Él.

El problema es que nosotros estamos tan colmados de buenas cosas que cuando nos sale al camino algo que no es agradable (como por ejemplo un retraso en el tráfico o una visita al dentista) levantamos nuestros brazos al cielo y preguntamos: «¿Por qué a mí?».

No estoy seguro de que alguna vez alguien haya recibido noticias maravillosas (una promoción en su trabajo, o una propuesta matrimonial aceptada) y haya dicho: «¿Por qué a mí?». Aceptamos todas estas buenas dádivas sin la mayor novedad, como si nos las meciéramos por completo. Hágase usted mismo estas dolorosas preguntas: dada la manera en que vivimos nuestras vidas y la magnitud de nuestra obediencia a Dios, ¿cuántas de estas cosas buenas en realidad nos las hemos ganado? ¿Cuántas de las cosas malas son en realidad injustas?

El asunto no es sentirnos culpables por nuestra indignidad. ¡Este es un libro sobre la gracia! Dios ha hallado una manera de bendecirnos a pesar de nuestra indignidad. No; el asunto es que así como Dios nos ha colmado de buenas cosas, ¿no deberíamos nosotros confiar en Él en las que parecen cuestionables? Si su mejor amigo humano siempre hace cosas buenas por usted, usted confía en esa persona. ¿Cuánta mucha mayor confianza merece Dios cuando promete que todas las cosas a la larga encajarán en su lugar en la maquinaria que resulta en lo mejor para nosotros conforme nos acercamos cada vez más al cielo? También recibimos un gran estímulo al darnos cuenta de que nada se desperdicia. Ese es el testimonio de este versículo. Dios no crea desperdicios, ni permite desperdicios. Mi amigo Rob Suggs luchó con dos carreras desilusionadoras antes de hallar su llamado como escritor en la edad madura. Él sabía que por fin estaba haciendo con exactitud lo que Dios siempre había querido que hiciera, pero se lamentaba mucho por no haber hallado ese sendero mucho antes. Un día le explicaba los sentimientos a un amigo: «Todos esos años hubo una compañía editorial cristiana como a tres kilómetros de mi casa», dijo.

«Podía haber estado trabajando allí durante años, afinando mis habilidades, aprendiendo a hacer más para Dios. Si pudiera recuperar esos años, cuando yo tenía entre veinte y treinta».

Su amigo sabio le respondió: «¿No piensas que si Dios hubiese tenido prisa, podría haberte dirigido a tres kilómetros por el camino varios años antes? El Señor tiene su calendario. Él estaba usando todas tus experiencias, buenas y malas. Sin ellas, no serías de seguro el escritor que has llegado a ser en el camino».

Y es verdad. He conocido a muchos que han mirado hacia atrás a sus vidas lamentándolo. Ilumina nuestros corazones saber que Dios usa hasta el último ápice de nuestra experiencia para hacernos avanzar hacia la meta que Él tiene en mente.

Y esa meta es buena. Podemos confiar en Él en eso.

Romanos 8:28 es una promesa condicional

A los que aman a Dios, [...] a los que
conforme a su propósito son llamados.

Así que, ¿qué hemos aprendido de Romanos 8:28?

Sabemos. Tenemos conocimiento interno.

Todas las cosas. Todo, sin excepciones.

Les ayudan. Todo es parte de un plan perfecto.

A bien. No tenemos ninguna posibilidad de perder.

Este es uno de los versículos más *absolutos* en toda la Biblia. En forma absoluta sabemos que en forma absoluta todas las cosas obran en forma absoluta juntas para el bien absoluto. ¡Es maravilloso en forma absoluta! Pero ahora viene la parte que *no* es absoluta.

Esta promesa no se aplica en forma absoluta a todos. Esta es una consideración significativa en alto grado: la diferencia de Romanos 8:28 obra en forma exclusiva solo para los que aman a Dios y son llamados conforme a sus propósitos.

Hay promesas en la Biblia que son incondicionales, y otras que tienen condiciones. Juan 3:16, por ejemplo, tiene una de cada una.

«Porque de tal manera amó Dios al mundo». Esa es una promesa incondicional. Dios ama a cada uno de los hijos que ha creado. No necesitamos hacer nada para que Él nos ame. «Para que todo aquel que en él cree, no se pierda, mas tenga vida eterna». Esta es la parte condicional. Recibiremos vida eterna *si* creemos en Él.

El amor de Dios, entonces, es incondicional. Su dádiva de salvación tiene la condición de que debemos creer.

De la misma manera, la promesa de Romanos 8:28 tiene una condición. Si amamos a Dios, entonces este principio maravilloso y absoluto surte efecto en nuestras vidas. Si rechazamos a Dios, los sucesos de la vida resultan en una conclusión diferente por completo.

Pero tal vez usted haya notado que hay un calificador adicional que describe a aquellos a quienes la promesa se aplica. Es para:

+ Los que aman a Dios.
+ Los que han sido llamados conforme a su propósito.

¿Por qué Pablo destaca esa distinción? ¿No son los mismos individuos? Sí. Pablo está describiendo a los que reciben esta bendición desde dos perspectivas. El ángulo humano es «los que aman a Dios». El ángulo divino es «los que son llamados conforme a su propósito».

«Los que aman a Dios» son los que han escogido identificarse con Él en este mundo. Pablo nos da otra hermosa promesa en cuanto a estas personas: «Cosas que ojo no vio, ni oído oyó, ni han subido en corazón de hombre, son las que Dios ha preparado para los que le aman» (1 Corintios 2:9). No podemos imaginarnos la maravillosa dádiva que Dios tiene preparada para nosotros. Santiago 1:12 también nos dice que Dios ha preparado una «corona de vida» para los que le aman.

«Los que han sido llamados» son los mismos, vistos desde la perspectiva de Dios. Hay un recordatorio aquí para nosotros de que, por maravillosas que sean las dádivas de Dios, no podemos reclinarnos y disfrutar de ellas en forma egoísta. En el instante de la salvación recibimos nuestras órdenes de marcha. Debemos estar avanzando mientras disfrutamos. Somos llamados y nombrados de acuerdo con su propósito. Él tiene trabajo para que los hagamos, y debemos estar haciéndolo todos los días de nuestras vidas.

Así que Romanos 8:28, como Juan 3:16, termina con un recordatorio aleccionador. Este es un detalle pequeño que nos califica para el tesoro que se describe. Debemos creer en Él. Debemos amarle y recibir su llamado.

La promesa de Romanos 8:28 no se aplica en forma universal. Pero debemos mirarla de esta manera: Dios mismo no excluye a nadie de recibir los beneficios de ninguna de sus promesas. Son las personas las que en forma trágica se excluyen a sí mismas al no hacer lo más natural del mundo: creer y amar al Señor, que es la fuente de todo lo bueno. No puedo imaginarme que alguna persona razonable, con vista clara, pueda hacer menos que amar al Dios que usted y yo conocemos, porque conocerle es amarle.

Por consiguiente, depende de usted y de mí ayudar a las personas a conocerle como nosotros lo conocemos.

Sabemos que Dios es bueno. Sabemos que Él está obrando en este mundo. Sabemos que está utilizando todas las cosas para sus propósitos y para nuestro bien. Y sabemos que un día compareceremos ante su trono y veremos todos estos sucesos del mundo, y todos los momentos de nuestras vidas, desde fuera del tiempo. Veremos nuestro nacimiento, nuestra muerte, y todo lo que ocurrió entre el uno y la otra como si existieran en un mural integral. En ese momento todas las piezas del rompecabezas se verán en sus verdaderos lugares y verdaderas funciones. Sabremos con exactitud lo que Dios tenía en mente y por qué Él permitió los peores momentos de nuestra vida.

En ese momento, después de haber sido libertados de una vez por todas de la ceguera del ensimismamiento, podremos mirar más allá de nosotros mismos. Pienso que usted y yo nos maravillaremos por la interconexión de una vida humana con otra, así que por primera vez podremos percibir cómo Dios nos afectó por medio de otras personas, y como nos utilizó en las vidas de otros.

Veremos que muchas cosas de este mundo fueron malas en verdad. Habremos experimentado muchas de ellas nosotros mismos. Entenderemos que Él nunca fue el autor del mal. Pero cuando estemos a su lado y miremos a este mundo, veremos la forma delicada y sabia en que Él usó esos elementos para sus propios propósitos. No tendremos más remedio que caer de rodillas y alabarle.

Sabemos esto. Esperamos esto. Pero, ¿qué tal el día de hoy?

¿Podemos permitirnos que su gracia nos cautive en forma total como para confiar en Él por completo en los momentos más terribles de la vida?

Helen Roseveare fue una médica misionera británica en el Congo. Se quedó en su puesto durante algunos de los conflictos más terribles de la historia de la nación en 1964. Muchos occidentales huyeron, pero Helen creía que debía estar dispuesta a hacer cualquier sacrificio por un Salvador que había hecho el sacrificio máximo por ella.

Alguien trató de envenenarla, pero su perro se comió el alimento y el intento falló. Con todo, ella se quedó. Los ejércitos rebeldes a menudo violaban a las misioneras y al personal médico, pero ella con todo se quedó. Incluso cuando saquearon su casa y se robaron todo lo que tenía, rehusó dejar su puesto.

Era como si Helen no tuviera miedo. Rara vez dormía bien, pues sabía que en cualquier momento alguien podía entrar a su casa y quitarle la vida. Ella se concentró en aprender a confiar en Dios en forma más absoluta.

El sábado 15 de agosto de 1964 un camión lleno de soldados llegó y se apoderaron del hospital. Helen recordaría más adelante: «Fueron brutales y groseros, rudos y dominantes. Su lenguaje era amenazador y obsceno. Todas nosotras nos agazapamos. Hicimos al pie de la letra lo que exigieron, casi sin protestar». Atraparon al jefe local, lo desollaron vivo, y se lo comieron.[5]

A la larga a Helen Roseveare la golpearon, la violaron y la humillaron. Viva a duras penas, al fin tuvo que salir del país.

Durante sus largos y dolorosos días de recuperación, se halló más cerca de Dios que nunca antes. Incluso amaba al Congo con más intensidad que nunca. No había amargura en ella, aunque Helen había sufrido una maldad terrible y sin motivo. Hubiera sido más fácil reclamarle a Dios el porqué había permitido esas atrocidades, cuando ella había sido tan fiel en su servicio. Pero en lo más íntimo de su corazón pensaba que la pregunta de Dios sería: «¿Puedes darme gracias por confiarte esta experiencia, aunque nunca te diga por qué?».[6]

Esa pregunta penetra a lo más hondo de nuestra consagración a Cristo. Sí, *sabemos* que Dios obra en todas las cosas para nuestro bien. A veces en esta vida tenemos el raro privilegio de ver con exactitud cómo Dios usa ese revés o esa desilusión. Podemos sentir la sabiduría y la fuerza que vienen mediante las pruebas básicas de la vida normal. Pero, ¿podemos confiar en Él aunque no sepamos las respuestas?

Pablo estaba en su celda y oraba con fervor, hora tras hora. Había tanto trabajo por hacerse. Había iniciado su porción de iglesias, pero la mayoría de las ciudades todavía debían oír el Evangelio. Anhelaba ir a España; con certeza fue Dios quien había puesto ese peso en su alma. Necesitaba estar con sus hermanos en las iglesias que estaban luchando. Los amaba en lo más profundo, y anhelaba ministrarles.

Sin embargo, Dios, que había mostrado que con facilidad podía derrumbar los muros de la cárcel, no realizó la liberación de Pablo. El tiempo se estaba acabando. A la larga él sabía que sería ejecutado. Con certeza Dios preferiría tenerlo en las líneas del frente del campo misionero, proclamando el Evangelio, antes que esperando la ejecución. Pablo anhelaba la libertad, pero confiaba en Dios.

John y Mary Newton querían tener familia. Por años esperaron, tratando de ser pacientes, tratando de tener un hijo. Al fin, después de haber estado casados veinticuatro años, el Señor les envió a Elizabeth y Eliza de una manera muy conmovedora. Mary Newton había perdido una hermana y un hermano víctimas de la tuberculosis, una enfermedad mortal en aquellos tiempos. Cada uno dejó una hija pequeña, y ellas llegaron a ser las hijas adoptivas de John y Mary Newton.

Eliza, que tenía doce años cuando se unió a la familia, a menudo estaba enferma. El verano antes de cumplir quince años, Mary la llevó a Southampton, en donde el aire del océano se pensaba que sería más saludable. Su esposo le escribió una carta para animarla, comparando las aguas de Southampton al estanque de Betesda en los Evangelios. Tal vez el Señor haría un milagro de sanidad en la vida de Eliza.

Pero seis semanas no produjeron mejora. Tres semanas después de regresar a Londres con su madre, Eliza murió.

El afligido padre adoptivo preparó un pequeño libro memorial para la niña que había esperado por tanto tiempo. En él escribió: «Si le conocemos y confiamos en Él, [...] Él escoge para nosotros mejor de lo que nosotros mismo escogeríamos, [...] pero ahora puedo alabarle y adorarle por [...] su plan. No solo puedo postrarme [...] ante su soberanía, sino que admiro su sabiduría y bondad, y puedo decir de corazón que Él ha hecho todas las cosas bien».[7]

¿Puede usted decir eso de su andar con Dios? ¿Puede alabarle y adorarle incluso cuando su corazón está partiéndose y se siente abrumado por la desilusión? A lo mejor está luchando con alguna prueba en este mismo momento. Si usted puede poner su confianza de forma total en el amor y la promesa de Dios de que obrará todo para su bien, entonces habrá dado un paso para abrazar los misterios de la gracia de Dios. Usted tendrá un parecido mayor al Salvador que dio su vida para salvarle.

Entonces Dios mirará a su vida, sonreirá y dirá: «Sí, hijo mío.

¡Cómo has crecido desde que llegaste a conocerme! Estás llegando a ser más sabio y más fuerte cada día. Hubo un tiempo en que podías alegrarte solo cuando el sol brillara; pero ahora tu alma está cobrando sustancia real. Ahora estás llegando a ser firme y fuerte. Te he confiado esta carga, y tú me has honrado mediante la perseverancia de tu fe.

»Aunque tus ojos al presente están llenos de lágrimas, hijo mío, y aunque tienes los hombros caídos por la desdicha, quiero que sepas algo. Quiero que tengas la seguridad de que nuestra aventura juntos es apenas el principio. Hay pruebas que te faltan por enfrentar, pero detrás de cada una hay una gloria mayor. Detrás de cada obstáculo hay un gozo mayor. En el camino he abierto sendero con bendiciones para recordarte la herencia que es tuya como hijo mío. Avanza, ahora, con un gozo que no reducirá la tristeza. Avanza hacia la corona de la gloria que tiene tu nombre escrito en ella.

»Avanza, hijo. Caminemos juntos».

Momentos *de gracia*

❧

Romanos 8:28 es imponente en su magnitud y abarca de forma absoluta todo lo que es posible que nos suceda. Todo acontecimiento de la vida es vuelto al revés como parte del plan total de Dios para el bien último de los que le aman; incluso nuestros pecados, errores y trastadas. Como resultado de la amplitud total de esta promesa, nuestros corazones deberían ser ligeros como plumas y nuestro gozo debería ser ilimitado, cimentado por fe en esta promesa que lo abarca todo.

Si usted ha tenido una actitud alicaída, trate de sonreír ahora mismo, con una sonrisa grande y amplia. Dígale a su corazón que se anime. Exija a sus emociones que se remonten a niveles nuevos y gozosos. Controle sus sentimientos, y regocíjese en Cristo. Dé por sentado que su conjunto presente de cargas resultará para su bien. Recuerde que el desaliento siempre viene del diablo, y tome la decisión de regocijarse en el Señor «siempre»; ¡Y «siempre» quiere decir hoy!

TERCERA PARTE

GRACIA
para el
FUTURO

CAPÍTULO NUEVE

La cautivadora perspectiva *de la* gracia

Y cuando en Sión por siglos
mil, brillando esté cual sol

❧

John Newton no tenía problema con la idea de la muerte.
¿Pero la jubilación? Se negaba incluso a pensarlo.

Después de todo, ¿quiénes eran estos jóvenes que se acercaban, dándole una palmadita en el hombro como si fuera una antigua reliquia? Trayendo sus no sutiles insinuaciones en cuanto a andar más despacio, predicar con menos frecuencia, permitir que otros le ayuden con sus visitas pastorales; él estaba en el clímax de su vida fructífera en el ministerio del evangelio. El Señor había colmado su corazón con celo que todavía se desbordaba. ¿Jubilarse? Ni siquiera quería empezar a considerar el asunto.

Incluso un viejo y querido amigo como Richard Cecil le aguijoneaba. En opinión de Cecil, Newton debía abandonar el púlpito por completo. «John, viejo», decía con su voz tranquila y la acostumbrada palmadita en el hombro. «La vista te está fallando, ya casi no puedes oír; sé qué piensas que puedes ser valiente y esconderlo todo, pero somos tus amigos. Lo que nos interesa es lo mejor para ti. Todo tiene su tiempo y ocasión bajo el sol, amigo mío; incluso un perro viejo en ropajes santos. ¿Qué se necesita para que lo tomes con calma? ¿Que el Señor Dios envíe a Elías para llevarte al cielo en su auto dorado?».

A lo cual Newton se limitaba a bufar con desdén y a levantar la voz: «¡Qué! ¿Debería el viejo blasfemo africano detenerse mientras todavía puede hablar?». Y ¿quién podría atreverse a responder a eso? Jubilación, ¡bah!

Por otro lado, la *muerte*: ahora, ese es un tema del que valía la pena hablar. Las cartas de Newton y sus anotaciones en su diario miraban cada vez más a la esperanza del paraíso que estaba justo más allá del horizonte del viaje de su vida. «El día de la oportunidad se va gastando, y la noche se acerca», escribió en 1802. Dos años después, luego de firmar una carta, añadió: «El tiempo, ¡qué corto! La eternidad, qué larga».[1]

Sus amigos notaron en él una tendencia creciente hacia el humor morboso. Le dijo a un colega que estaba «empacado, sellado, y esperando el despacho».

Sin embargo, mientras John Newton todavía poseía vida y aliento, se ocupaba de sus amados sermones e himnos: «Sublime gracia» entre estos últimos. Su estrofa final en inglés, como ya hemos visto, sería compuesta mucho más adelante por otra mano. Pero Newton en efecto proveyó tres estrofas que muy rara vez usamos, y estas proveen un excelente comentario de nuestra estrofa presente final. También demuestran hasta dónde Newton anhelaba los consuelos del mundo venidero, así como el capitán de un barco observa con ansiedad la orilla lejana por su telescopio:

> *El señor me ha prometido el bien,*
> *Su palabra mi esperanza asegura;*
> *Él será mi escudo y porción,*
> *Mientras la vida dure.*

> *Sí, cuando esta carne y corazón fallen,*
> *Y la vida mortal cese,*
> *Poseeré, dentro del velo,*
> *Una vida de gozo y paz.*

> *La tierra pronto se disolverá como nieve,*
> *El sol dejará de billar;*
> *Pero Dios, que me llamó aquí abajo,*
> *Será mío para siempre.*

John Newton entendió que la vida era, después de todo, un viaje del puerto conocido a uno desconocido. Él no iba a temer al mundo venidero más de lo que se resistiría a conducir su barco a la bahía a la que se dirigía.

Cuando Newton falleció, le dieron cristiana sepultura y pusieron un epitafio apropiado en la piedra que señalaba su tumba. Pero sus seres queridos bien podrían haber usado las palabras de Pablo para describir la vida de John Newton: «Porque la gracia de Dios se ha manifestado para la salvación a todos los hombres, enseñándonos que, renunciando a la impiedad y a los deseos mundanos, vivamos en este siglo sobria, justa y piadosamente, aguardando la esperanza bienaventurada y la manifestación gloriosa de nuestro gran Dios y Salvador Jesucristo, quien se dio a sí mismo por nosotros para redimirnos de toda iniquidad y purificar para sí un pueblo propio, celoso de buenas obras» (Tito 2:11-14).

Se desconoce si Newton alguna vez predicó sobre este pasaje, pero con certeza acarició esta descripción completa de la obra de la gracia de Dios. Estos versículos demuestran que la gracia está con nosotros en el pasado, el presente y el futuro:

+ Se ha manifestado a toda la humanidad.
+ Se manifiesta ahora para enseñanza.
+ Se manifestará de nuevo en el retorno de Cristo.

John Newton y el apóstol Pablo fueron cautivados por lo intemporal de esa gracia. Ninguno perdió de vista cómo Cristo había interceptado su curso autodestructivo en el pasado. Ambos hallaron la gracia redentora de Dios en todo aspecto de su presente, y ambos en forma activa esperaban un futuro en el que la gracia del Señor hallaría su culminación final y máxima.

Pablo podía haber escrito por ambos cuando señaló: «Pero por la gracia de Dios soy lo que soy, y su gracia no ha sido en vano para conmigo» (1 Corintios 15:10). La gracia no era un tema aislado; era toda su historia. Estos hombres se entendieron a sí mismos por completo a través de los lentes de la gracia redentora de Dios.

LA GRACIA NOS ENSEÑA

Pablo le explica a Tito que la gracia de Dios se ha *manifestado*. La palabra griega que se traduce «manifestado» nos da nuestra palabra moderna *epifanía*: una palabra maravillosa. La usamos de manera secular para describir cuando nos percatamos de alguna verdad de una manera repentina e intensa. Una epifanía es el proverbial bombillo eléctrico apareciendo sobre la cabeza de uno, ¡pero iluminado con energía solar!

Cuando los griegos hablaban de una epifanía se referían a la vista imponente de la luz del sol brillando con toda intensidad por encima del mundo para iluminar una tierra oscurecida. La gracia de Dios, nos dice Pablo, trajo de súbito luz a nuestro mundo después de miles de años de oscuridad. Se extendió por sobre el mundo con poder asombroso, y le brindó a la humanidad un conocimiento intenso de la naturaleza de Dios.

En varios otros pasajes (en particular en las tres epístolas pastorales: 1 y 2 Timoteo y Tito), Pablo vuelve a esta idea de la brillante epifanía de nuestro Salvador. Una encantadora comparación: ante el sol naciente, o el Hijo que surge, nos humillamos y somos agradecidos. Ambos milagros están por completo fuera de nuestro control nuestra supervivencia física y espiritual, respectivamente, dependen de ellos. La gracia de Dios es su dádiva a un planeta impotente y moribundo.

Esa «epifanía», para Pablo, es el nacimiento de Cristo en Belén. Hay una gracia suprema en que Dios aparezca en carne entre los pobres. Hay una gracia imponente en Dios convirtiéndose en un niño indefenso, entrando al mundo en un establo con pastores para darle la bienvenida. Desde allí todo aspecto de la vida de Jesús comunica gracia: Jesús sana a los enfermos; Jesús hace amistad con los pecadores; Jesús enseña amor y perdón, en vez de aprovecharse de la ira pública y la rebelión contra la autoridad de Roma. Al final Jesús se somete a una muerte vergonzosa, y perdona a sus propios verdugos desde la cruz. Pero lo mejor todavía está por venir. En la Resurrección hallamos la culminación de la dádiva de la gracia: la victoria sobre la muerte es la dádiva final de la gracia de Dios a sus hijos que no se lo merecen.

En Cristo, la gracia de Dios se hace manifiesta. Si el amor es el atributo que mejor describe a Dios, la gracia es el que hace que ese amor esté a nuestro alcance. La gracia es el concepto más radical que se ha introducido en este mundo. Es contrario a la intuición de la naturaleza humana, desafiando toda tendencia humana y proveyendo la solución para todo problema humano.

La gracia cambia a las personas como ninguna otra cosa puede hacerlo. Limpia los pecados del pasado. Permite justicia en el presente. Una cosa es cierta: siempre nos sorprende. Porque la esencia de la gracia es la sorpresa. No hay nada de sorprendente en eso de dar a las personas lo que se merecen. La gracia trastorna las reglas y les da a las personas lo que *no* se merecen. La motiva el calor del amor antes que el cálculo frío. Por consiguiente, la gracia siempre está haciendo algo que no esperamos.

Por ejemplo, ¿qué hace la gracia en el presente? Pasa al pizarrón y empieza a enseñar: «Porque la gracia de Dios se ha manifestado para la salvación a todos los hombres, enseñándonos...» (Tito 2:11-12).

Pablo nos dice que la gracia de Dios se manifestó a todos los hombres y entonces al instante empezó la lección. Después de todo, nosotros nos hallamos viviendo en el presente. Miramos hacia atrás a la primera aparición de la gracia, cuando Cristo nació en Belén en la oscuridad de un mundo pecador; miramos hacia adelante a la aparición gloriosa de Cristo al fin de los tiempos, cuando seremos hechos perfectos. Pero ¿qué decir del ahora? Necesitamos saber cómo vivir en el ínterin. La gracia, por el poder y la dirección del Espíritu Santo, está aquí para ayudarnos a vivir. Por consiguiente, se aclara la garganta y empieza nuestra educación. Descubramos qué lecciones se incluyen en el currículum de la Universidad de la Gracia.

La gracia nos enseña a renunciar al pecado

> *Enseñándonos que, renunciando a la*
> *impiedad y a los deseos mundanos...*
> —Tito 2:12

La primera lección de la gracia es en cuanto a la negación. La gracia quiere escoltarnos a una nueva vida, de pureza y justicia. La primera consideración es tratar con los problemas de la vida vieja que no pueden acompañarnos en ese viaje. Nuestra palabra para *negación* viene de la palabra griega para *repudiar*. Es como si uno estuviera agarrando por las orejas a un viejo hábito, llevándolo a la puerta del frente, y depositándolo afuera para que lo recoja la basura. Repudiar es separarse por completo. Consiste en decir: «Ya no voy a tener ningún problema que empiece a apropiarse de mí».

Pero permitamos que Pablo nos lo explique. Este concepto de negar la impiedad se extiende al próximo capítulo de la carta de Pablo a Tito:

> Porque nosotros también éramos en otro tiempo insensatos, rebeldes, extraviados, esclavos de concupiscencias y deleites diversos, viviendo en malicia y envidia, aborrecibles, y aborreciéndonos unos a otros. Pero cuando se manifestó la bondad de Dios nuestro Salvador, y su amor para con los hombres, nos salvó, no por obras de justicia que nosotros hubiéramos hecho, sino por su misericordia, por el lavamiento de la regeneración y por la renovación en el Espíritu Santo, el cual derramó en nosotros abundantemente por Jesucristo nuestro Salvador, para que justificados por su gracia, viniésemos a ser herederos conforme a la esperanza de la vida eterna. Palabra fiel es esta,

y en estas cosas quiero que insistas con firmeza, para que los que creen en Dios procuren ocuparse en buenas obras. Estas cosas son buenas y útiles a los hombres (Tito 3:3-8).

En resumen, es como decir que el hombre más rico de la provincia ha venido a la ciudad, y ha visto a los peores antisociales imaginables revolcándose en callejones oscuros como cerdos en una pocilga. Estos son vagabundos culpables de toda ofensa. Él ha bajado al lodo, se ha ensuciado él mismo, a fin de sacarlos del callejón y llevarlos a su mansión palaciega. Allí los ha lavado con su propia mano, les ha dado de comer, los ha vestido, y les ha susurrado palabras de esperanza y de un futuro para ellos. Entonces les ha dicho que los ha adoptado como sus hijos. Todo lo que él tiene es de ellos.

Esos hijos adoptivos sin duda se conmoverían hasta lo más profundo de su alma. Uno no esperaría hallarlos escurriéndose a escondidas a sus cubiles de corrupción, ¿verdad? No cuando las riquezas gloriosas y la amistad del Señor están a su disposición.

Sobra decir que somos usted y yo a los que han limpiado, alimentado, vestido y adoptado. ¿Por qué peregrina razón vamos a querer vivir por los arreos decadentes de la vida vieja? La gracia, después de habernos limpiado, debería ahora vivir en nosotros, dándonos nuevos deseos y valores. Cuando vi la película de Mel Gibson, *La pasión de Cristo*, quedé asombrado por las emociones que surgieron dentro de mí. La más poderosa de todas y la que menos esperaba, sin embargo (y es la que ha ejercido influencia más permanente en mí), fue este pensamiento: *Debido a lo que Cristo hizo por mí, no quiero jamás volver a hacer algo que le avergüence ni le ofenda a Él.* Ver con mis propios ojos una muestra aproximada de su sufrimiento por mí me proveyó una motivación nueva y más poderosa para vivir una vida santa.

Muchos nos olvidamos de lo que ha sido hecho por nosotros. Nos olvidamos del dolor que Él aceptó por nosotros, y nos olvidamos de que somos librados para la posibilidad de una nueva vida, una que es mucho más gozosa y satisfactoria.

La gracia nos enseña a tener dominio propio

Vivamos en este siglo sobria[mente].
—Tito 2:12

En nuestra nueva vida en la casa del Señor, vamos a querer negar «la impiedad y las pasiones mundanas». ¿Cómo viviremos entonces? Sobriamente.

Este es un concepto esencial en el Nuevo Testamento que muchos tenemos que estudiar más de cerca. «Con dominio propio» es una buena traducción. La sobriedad espiritual es la madurez para ejercer juicio sano y sólido. Es el gobierno propio interior que domina a todas las pasiones y deseos que luchan contra nosotros. El creyente impulsado por la gracia disciplina sus pasiones como el dirigente militar disciplina a sus tropas. Y, ¿cuáles pasiones? Comer, dormir, hablar, jugar. El Espíritu de Dios le señalará los asuntos específicos de su propia vida. La idea es que el pobre réprobo rescatado no solo abandonará los esfuerzos viejos e inútiles; sino que también ejercerá sabiduría y dominio sobre las nuevas decisiones que toma en cuanto a su tiempo. En todas sus cartas a Timoteo y a Tito, Pablo menciona esta sobriedad como un rasgo de carácter exigido para pastores, así como también para hombres y mujeres, jóvenes y viejos. En otras palabras, todo creyente debe estar mostrando crecimiento constante en el aspecto de una vida sobria. Recuerde que el dominio propio es un fruto del Espíritu. ¿Está usted viendo el fruto en su propia vida?

Los judíos de tiempos del Nuevo Testamento tenían una maravillosa imagen verbal que acompañaba el concepto de sobriedad. Era «ceñir los lomos del entendimiento». ¿Recuerda como el padre del pródigo tuvo que correr para encontrar a su hijo? Los pantalones cortos de gimnasia no existían en ese tiempo, así que el corredor tenía que recogerse la falda de la túnica y ceñírsela a la cintura para permitir que sus piernas se movieran hacia adelante con fuerza. La sobriedad es reunir nuestras agallas, sacar de nuestro camino los impedimentos, y avanzar con mucha mayor rapidez. Su vida y la mía deben seguir este modelo.

Demos un vistazo a tres situaciones que piden una mente sobria:

1. *En la espera de la revelación de Cristo.* «Por tanto, ceñid los lomos de vuestro entendimiento, sed sobrios, y esperad por completo en la gracia que se os traerá cuando Jesucristo sea manifestado» (1 Pedro 1:13).

2. *En la preparación para la tentación de Satanás.* «Sed sobrios, y velad; porque vuestro adversario el diablo, como león rugiente, anda alrededor buscando a quién devorar» (1 Pedro 5:8).

3. *En la evaluación de nuestro lugar en la comunión.* «Digo, pues, por la gracia que me es dada, a cada cual que está entre vosotros, que no tenga más alto concepto de sí que el que debe tener, sino que piense de sí con cordura, conforme a la medida de fe que Dios repartió a cada uno» (Romanos 12:3).

Somos llamados, por consiguiente, a ser serios y ser disciplinados de mente y espíritu, a esperar al Señor, a luchar contra la tentación, y a servir a la iglesia. Imagínese lo que su vida sería si usted pensara en forma estratégica en cuanto a ceñir los lomos de su entendimiento. ¿Cuán rápido podría correr?

La gracia nos enseña a respetar a otros

> *Vivamos en este siglo [...] justa[mente].*
> —Tito 2:12

La gracia, por su misma esencia, no es egoísta. Sigue la dirección de Pablo en Filipenses 2:3: «Nada hagáis por contienda o por vanagloria; antes bien con humildad, estimando cada uno a los demás como superiores a él mismo».

¿Puede imaginarse un mundo en donde la conducta respetuosa sea lo normal? La pérdida del respeto sencillo y de la urbanidad es uno de los síntomas de hasta dónde hemos caído como sociedad. Hemos perdido el respeto por las figuras de autoridad, por los mayores, y por las cosas sagradas de la fe (ya sea que se trate de nuestra propia creencia o la creencia de otro). Nuestros hijos ven programas de televisión que los animan a decir lo que se les antoje, a tener una actitud como les venga en gana, y hacer lo que quieran. Notamos que no se dice nada en cuanto al respeto básico.

La vida de gracia respeta no solo a los mayores y las personas con autoridad, sino también a toda persona que encuentra. Respeta a aquellos con quienes discrepamos. Respeta a los extraños. En situaciones de trabajo, respeta a los subordinados. Cuando vivimos por la gracia vemos por los ojos de la gracia. De repente la otra persona nos parece un hijo o hija de Dios, alguien a quien Cristo está alcanzando, tal como nos alcanza a nosotros. Oímos su voz susurrándonos: «¿Me ayudarás a alcanzar a aquel? ¿Servirías a esta persona? Ella no puede oír mi voz ahora, pero responderá a tu amabilidad».

El respeto es la llave que abre la puerta a cualquier relación personal. Si usted quiere tener empatía con alguien que es difícil de alcanzar, dedique tiempo a expresarle palabras que demuestran respeto. Si quiere concluir una discusión muy rápido, muestre respeto.

Pruebe el poder del principio del respeto con un niño de escuela primaria. Los niños se sienten muy pequeños. Cuando uno se detiene a hablar con ellos y les habla no solo con una charla condescendiente de gente mayor, sino como le hablaría a cualquier otra persona, uno hace un amigo para siempre. Jesús insistió en dar a los niños amor y tiempo aun cuando sus discípulos trataban de alejarlos. La gracia de Cristo respeta a todos. Él se enfoca en lo que tienen de especial (en este caso una fe como de niños). La gracia hace eso bien. Halla lo que es digno y respetable en todo ser humano y honra eso.

Usted puede relacionarse con las personas de esta manera. Permita que la gracia sea su maestra.

La gracia nos enseña a reverenciar a Dios

Vivamos en este siglo [...] piadosamente.
—Tito 2:12

Pablo siempre es muy lógico en el proceso de sus ideas. Nos ha dicho que vivamos con sobriedad (la vida interior). Nos ha dicho que vivamos con justicia (la vida exterior). Ahora nos dice que vivamos de una manera santa (la vida hacia arriba).

La palabra griega que se traduce «piedad» es *eusebeia*. Se la usa con frecuencia en las cartas a Timoteo y a Tito. «Piedad» en estos versículos quiere decir reverencia hacia Dios. Nos dedicamos a Él y a su voluntad con el corazón, con la mente y con las manos.

Todos hemos conocido hombres y mujeres santos, y de inmediato los admiramos. ¿Cómo llegaron a ser así? ¿Nacieron santos?

La respuesta es que la gracia de Dios nos enseña piedad. Todos los días, conforme escuchamos su voz, nos convence de pecado y nos anima al servicio, conforme Él hace que se produzca el fruto prometido en Gálatas 5:22-23, conforme nos moldea a la imagen de Cristo... todo este tiempo estamos creciendo en santidad y piedad. Por supuesto, no todos tienen el mismo ritmo de crecimiento. Están los que se detienen justo a la puerta de la salvación, y nunca avanzan más que un paso o dos hacia la madurez cristiana. Esto es como ser adoptado en la familia del Maestro e insistir en dormir en la cochera y comer lo que tiran al recipiente de basura. Hay un banquete esperándonos, y el Espíritu nos alimenta bocado a bocado.

Solía pensar que la piedad era una meta imposible, si no para todos, por lo menos para mí. Entonces leí estas palabras en 2 Pedro: «Como todas las cosas que pertenecen a la vida y a la piedad nos han sido dadas por su divino poder, mediante el conocimiento de aquel que nos llamó por su gloria y excelencia, por medio de las cuales nos ha dado preciosas y grandísimas promesas, para que por ellas llegaseis a ser participantes de la naturaleza divina, habiendo huido de la corrupción que hay en el mundo a causa de la concupiscencia» (1:3-4).

No solo la piedad está al alcance, sino que todo lo que necesitamos para lograrla ya nos ha sido dado en las «preciosas y magníficas promesas» de la Palabra de Dios.

Así que, ¿qué es lo que nos estorba? ¿Qué nos impide alcanzar la meta de la piedad? La falta no es de Dios sino nuestra. Pablo nos dice que crecer en la piedad es trabajo arduo, que requiere esfuerzo disciplinado. «Ejercítate para la piedad, porque el ejercicio corporal para poco es provechoso, pero la piedad para todo aprovecha, pues tiene promesa de esta vida presente, y de la venidera» (1 Timoteo 4:7-8).

Pienso que es de eso que Pablo está hablando cuando les dice a los filipenses que se ocupen de su salvación con temor y temblor (Filipenses 2:12).

La gracia de Dios nos enseña a responder con diligencia

Un pueblo propio, celoso de buenas obras...
—Tito 2:14

La gracia de Dios siempre resulta en buenas obras. Repito: imagínese que llega a vivir en esa mansión maravillosa. El Maestro está con usted siempre, pero de manera constante le pide que haga «mandados» con Él. ¿Cuáles son esos mandados? Él está en forma constante haciendo breves visitas de servicio a otros. Él salva a otras vidas tal como la suya. Él continúa dándole a usted dádivas y amistad llena de amor. Él hace todo lo que es posible para hacer del mundo un mejor lugar.

Ahora imagínese que vive al alcance de esa influencia y que no logra que se le adhiera. Nadie, a no ser uno con el corazón más duro de todos, no seguiría el paso del Maestro y le ayudaría a hacer todo lo que se pudiera. Después de un tiempo usted a lo mejor capta la idea de organizarse al respecto. Usted reunirá a todos los antiguos réprobos de los callejones oscuros y dirá: «Desparramémonos y hagamos tanto en esta ciudad como podamos. Algunos trabajarán por allí cerca, darán de comer, de vestir y ayudarán; otros saldrán de la ciudad y se pondrán a trabajar. ¡Piensen cuánto podemos hacer!».

Sin embargo, es inevitable que alguien diga: «¡Adelante, agótate, amigo mío! Yo no soy muy dado al servicio. Yo voy a quedarme en la mansión y ver televisión».

Ahora le pregunto: ¿Podría esa persona estar en contacto con su gracia interna? En especial cuando los otros estarían descubriendo que el servicio es la mayor dádiva de todas de parte del Maestro. El servicio completa nuestro gozo. Usamos dones espirituales que se hicieron para usarlos, de modo que nada más puede proveer tal satisfacción. Eso es lo que quiere decir ser «celoso de buenas obras».

¿No es interesante que la afirmación más fuerte que Pablo hace en la Biblia sea respecto a la naturaleza de la salvación por gracia mediante la fe? «Porque por gracia sois salvos por medio de la fe; y esto no de vosotros, pues es don de Dios» (Efesios 2:8); y luego, con la siguiente respiración, añade: «Porque somos hechura suya, creados en Cristo Jesús para buenas obras, las cuales Dios preparó de antemano para que anduviésemos en ellas» (Efesios 2:10).

Ha estado enfatizando el asunto esencial de que nuestras obras no pueden salvarnos. Solo la gracia puede hacer eso. Pero ¿para qué fuimos creados? ¡Obras! Dios realiza la salvación, y nosotros llevamos a cabo el servicio. Así es como se supone que debe ser.

Pablo da testimonio de este principio en su propia vida: «Pero por la gracia de Dios soy lo que soy, y su gracia no ha sido en vano para conmigo, antes he trabajado más que todos ellos; pero no yo, sino la gracia de Dios conmigo» (1 Corintios 15:10).

Hay que velar por la esperanza bendita

Aguardando la esperanza bienaventurada y la manifestación gloriosa de nuestro gran Dios y Salvador Jesucristo.
—Tito 2:13

Pablo nos da la imagen de alguien que está de vigilia, como el padre del hijo pródigo. La vida de gracia mantiene la esperanza viva en el corazón humano. Empezamos a ver cada vez más con los ojos del cielo, tal como John Newton a medida que envejecía. La jubilación le parecía desagradable, porque la obra de Dios nunca se acaba y hemos sido creados para buenas obras. La muerte, por otro lado, quiere decir el cielo. Vivir es Cristo; morir es ganancia. En su vejez, estos dos hombres, el apóstol Pablo y el navegante Newton, empezaron a parecerse cada vez más; tal como todos nosotros empezamos a mostrar el parecido de familia después de años de estar siendo moldeados día tras día cada vez más a la imagen de Cristo.

Mientras tanto, con los ojos del cielo siempre hay esperanza. Nos damos cuenta de que nuestras acciones ahora pueden llevar fruto años, generaciones, e incluso siglos después de nuestras vidas. El más famoso fruto de Newton, por supuesto, es «Sublime gracia». Pero pienso que él habría quedado más satisfecho con una influencia que tuvo y que es mucho menos conocida.

En 1759, mientras John Newton estaba empezando a adaptarse a la vida sin hacerse a la mar, nació un hombre llamado William Wilberforce. Nació rico y tenía una personalidad atractiva. A llegar a la vida de adulto lo atrajo la política; pero no podía hallar paz consigo mismo. En forma gradual se fue convenciendo cada vez más de que Dios tenía un llamamiento más alto para él. Cuando tenía veintiún años y todavía se preguntaba lo que el futuro podría tener para él, ya era miembro del Parlamento. Wilberforce empezó a asistir a una iglesia de Londres, St. Mary Woolnoth. El párroco era un hombre llamado John Newton.

Era imposible conocer a Newton sin saber del pasado que todavía atormentaba su recuerdo. Predicaba de sus días como traficante de esclavos, y cómo Dios había llegado a mostrarle la inhumanidad de comprar y vender seres humanos. En ese tiempo, en 1780, muchos estaban de acuerdo con que la esclavitud era un problema, pero la mayoría dudaba que algo se pudiera hacer al respecto.

Newton hablaba la conciencia de Dios sobre el tema. El joven Wilberforce escuchaba con atención. Había una nueva amistad entre el viejo capitán y el joven idealista. Newton atizó la llama de los dones de Wilberforce y lo convenció de que su vida política podría ser usada para el servicio del reino de Dios. Más y más, la pasión por la abolición de la esclavitud se apoderó de William Wilberforce. Con el paso de los años llegó a ser el líder de Inglaterra en el movimiento para abolir la esclavitud. Después de una batalla que duró dieciocho años, se abolió el tráfico de esclavos.

Entonces, tres días antes de la muerte de Wilberforce en 1833, la Cámara de los Comunes dictó la ley que emancipaba a todos los esclavos en las colonias británicas. En menos de veinte años la influencia llegó a ser tan poderosa en los Estados Unidos de América que también se abolió allí la esclavitud.

Newton tenía razón; no hay nada tan asombroso como la gracia. No se contenta con apoderarse de nuestras vidas y cambiarnos de adentro para afuera. Se extiende por medio nuestro para cambiar a tantos como pueda en el mundo.

Incluso mientras John Newton consideraba de antemano las alegrías del cielo, Dios estaba usándolo para esparcir las buenas obras en este mundo. Su legado hoy es tanto en canto como en libertad: dos cosas que encajan muy bien. Sus últimas palabras escritas fueron: «Estoy satisfecho con la voluntad del Señor».[2]

Su epitafio dice lo siguiente:

JOHN NEWTON
Clérigo
Una vez impío y libertino,
un traficante de esclavos en África,
fue, por la rica misericordia de nuestro Señor y Salvador

JESUCRISTO,
preservado, restaurado, perdonado,
y nombrado para predicar la fe,
que tanto tiempo se había esforzado por destruir.
Ministró casi dieciséis años como cura y vicario,
de Olney en Bucks
y veintiocho años como párroco de estas parroquias unidas.

El 1º de febrero de 1750 se casó con MARY,
hija del finado George Catlett, de Chatham, Kent,
a la que devolvió al Señor que se la había dado,
el 15 de diciembre de 1790.

John Newton no ha estado allí diez mil años, según nuestra cuenta. Pero repito una vez más, en el nuevo hogar que él ha hallado no se miden ni los años ni los momentos. Sabemos que el tiempo y el espacio son creaciones de Dios solo para este mundo. Cuando vayamos a las mansiones que Cristo nos ha preparado, un momento será como mil años, y mil años como un momento (2 Pedro 3:8).

Me imagino que los dos hombres, los personajes tema de este libro, sean amigos queridos en ese mundo. ¡Qué conversaciones deben tener! El epitafio de Newton incluye las palabras:

y nombrado para predicar la fe,
que por tanto tiempo se había esforzado por destruir.

Es fácil imaginarse a Pablo preguntándole por esas palabras. «No podrías haber hecho más para ser enemigo de la fe que yo», añadiría Pablo.

Y tal vez Newton, rebosando de gracia como siempre, respondería:

«Todos nosotros fuimos por igual enemigos de la fe y merecíamos bien nuestra muerte, a no ser por el amor y la misericordia de Dios. Yo perseguí hombres libres para encarcelarlos en la esclavitud. Tú perseguiste a creyentes para encarcelarlos en Jerusalén. Alabado sea Dios, porque Él nos persiguió con mayor tenacidad, mayor devoción, y más amor. Alabado sea Dios, porque fuimos cautivados por la gracia. Y alabemos su nombre, porque Él nos libertó de la esclavitud que nos habíamos impuesto nosotros mismos».

Con esas palabras, estoy casi seguro de que los dos hombres, los dos hermanos, los dos hijos eternos de Cristo se volverían de nuevo al trono en donde está sentado el Rey de reyes, el Señor de la creación; y añadirían sus voces al canto de los ángeles, exaltando a Aquel cuya gracia es lo suficiente profunda y lo suficiente amplia para rescatarnos a cada uno de nosotros.

Momentos *de* gracia

❧

Piense en el aspecto de la gracia que tiene que ver con el dominio propio: la gracia de Dios nos enseña a negar la impiedad y las pasiones mundanales para vivir una vida de dominio propio en este mundo presente. ¿Qué hábito en particular en su vida necesita más ser cautivado por la gracia de Dios? ¿Comer demasiado? ¿Soltar palabrotas? ¿Lujuria?

¿Mal genio?

Para practicar el dominio propio en este aspecto, use el siguiente método: decida llevar todo pensamiento y hábito *cautivo* a Cristo. *Confiéselo* a Dios en una oración específica de arrepentimiento. *Aprópiese* de la victoria de Dios basándose en sus promesas preciosas y grandes. *Confíele* este asunto a algún amigo de su propio sexo que le servirá como compañero o compañera para exigirle cuentas. Y *continúe*, cueste lo que cueste; no se dé por vencido ni se rinda, aunque tenga fracasos en el camino. La gracia de Dios es más fuerte que su debilidad, y la sangre de Cristo no solo lo perdonará, sino que lo *limpiará* de todo pecado (1 Juan 1:9).

CAPÍTULO DIEZ

La alabanza continua de la gracia

Yo cantaré por siempre allí
su amor que me salvó

E ternidad.

Provoca esperanza y desafía al entendimiento.

Tal vez si pudiéramos captar en una visión (apenas un ápice) de lo que será ese mundo, no temeríamos a la muerte. Tal vez si nuestra mente limitada pudiera captar el más breve vislumbre del paraíso, ese concepto cambiaría toda la forma en que vivimos ahora.

Pero eso sería como una taza de té que tratara de abarcar al Océano Pacífico. Tal vez nos iría mejor si tratamos de abrazar con nuestros brazos la galaxia Vía Láctea, o si un saltamontes trata de entender la física cuántica. Por más que tratemos, no podemos ni siquiera empezar a comprender la naturaleza de ese destino final bendito, cuando todos los obstáculos de nuestra naturaleza humana caída al fin serán quitados. Ahora vemos como por espejo, en forma oscura, pero entonces veremos cara a cara.

¿Cómo será experimentar «para siempre»? *Y cuando en Sión por siglos mil, brillando esté cual sol.* Incluso aun cuando estas palabras nos entusiasman, reconocemos sus limitaciones. El tiempo es una creación de Dios, como las estrellas o las estrellas de mar. Cuando demos nuestro primer paso anhelante en ese mundo venidero y más elevado, el tiempo ya no será más. Un momento será como mil años, y mil años como un momento.

Por supuesto, el poeta entiende eso, porque el verso siguiente expresa en forma excelente la eternidad: «Yo cantaré por siempre allí su amor que me salvó». Tendremos los límites de la eternidad para alabar y adorar el Nombre que es sobre todo nombre. Pero incluso esa sólida verdad bíblica produce un reto de comprensión para la mayoría de nosotros. Están los que titubeando preguntan: «¿En realidad vamos a estar cantando por toda la eternidad?

¿No será eso, eh, aburrido?».

Tropezamos con eso porque no podemos entender la gratitud perfecta más de lo que podemos entender el amor perfecto que la inspira. Fuimos creados para exaltar al Señor. En el acto de adoración hallamos nuestra satisfacción suprema, así como el caballo halla su lugar al correr o el águila al volar. Tal vez la idea de la alabanza eterna es extraña porque la adoración de todo corazón en *este* mundo es por igual extraña para nosotros.

Pero si usted quiere el más breve vislumbre de la eternidad, si quiere un bocado de prueba de la gloria divina, entonces la adoración es el canal para acercarse al trono de Dios; y viene en ese punto quieto en donde la gracia se encuentra con la gratitud.

Después de todo, ¿qué es el gran himno de Newton sino un canto de gracia envuelto en gratitud? ¿Cómo responde usted si recibe una dádiva inesperada, inmerecida y hermosa? Se siente humilde. Se siente elevado. Siente, más que cualquier otra cosa, que quiere expresar su gratitud de la manera más profunda que pueda hallar. Para poner el asunto en términos matemáticos, si la respuesta de gratitud es proporcional al valor de la gracia, entonces estaremos agradecidos cuando alguien nos traiga un vaso de agua fría, estaremos muy contentos cuando recibamos la dádiva de una riqueza inesperada, y estaremos agradecidos de forma infinita y eterna cuando se nos rescate de la muerte y la desesperación.

La idea de la ingratitud, a la luz de lo que hemos recibido, es peor que lo inimaginable.

Piense que Pablo menciona la ingratitud como una característica del mundo de los últimos días. ¿Reconoce usted la siguiente descripción de una cultura al borde del colapso? «También debes saber esto: que en los postreros días vendrán tiempos peligrosos. Porque habrá hombres amadores de sí mismos, avaros, vanagloriosos, soberbios, blasfemos, desobedientes a los padres, ingratos, impíos» (2 Timoteo 3:1-2). Pienso que todos concordaríamos en que quejarse es un contagio en nuestros tiempos. Mi amigo James MacDonald se puso a estudiar los sitios de la Internet que se habían establecido solo para quejosos. Uno de ellos es La Estación de las Quejas, que afirma que ha servido a cinco millones de quejosos. Otro sitio entiende las quejas como una de las alegrías mejores de la vida:

Quéjese de cualquier cosa. El mundo entero está aquí para escuchar. Quéjese de su vecino. Quéjese de las aerolíneas.

Quéjese de los trenes. Quéjese del ruido. Quéjese de su suegra. Quéjese de los precios altos. De haber sido defraudado. De los baches. De la policía. Quéjese de la beneficencia pública. Quéjese del trabajo. Quéjese de su jefe. Quéjese a nosotros. Escucharemos y se lo diremos a todos. ¡Sin excepciones![1]

Incluso hay sitios cristianos de quejas, aunque usted no lo crea. Uno puede quejarse de que alguna universidad bíblica es demasiado costosa, o de que los no creyentes sueltan demasiadas palabrotas. Uno puede desahogarse con respecto a los pastores y el personal de la iglesia que en verdad lo fastidian a uno. Es difícil imaginarse que algún seguidor de Jesucristo crea que quejarse es un esfuerzo que valga la pena o que edifique.

¿Preferiría usted estar con personas que estén llenas de odio o de gratitud? Considere un estudio académico reciente de los resultados de la gratitud. Es un poco más difícil hallar sitios web dedicados al agradecimiento que los dedicados a las quejas. Y sin embargo, esta investigación del año 2003 concluyó que la gente agradecida recibe una amplia variedad de beneficios nada más debido a su perspectiva de la vida. Duermen mejor y disfrutan de mejor salud física. Sus relaciones sociales son mejores. Tienen un sentido más hondo y más satisfactorio de la espiritualidad. «La gratitud no solo hace que las personas se sientan bien en el presente, sino que también aumenta la probabilidad de que las personas funcionen de forma óptima y se sientan bien en el futuro».[2] La gratitud es una bandeja colmada de bienestar; algo más benéfico que diez mil vitaminas o diez años de ejercicio en el gimnasio.

La gracia debe producir gratitud; y la gratitud hace del mundo un lugar mucho más positivo. Con razón el apóstol de la gracia tiene mucho que decir en cuanto a un espíritu de gratitud.

PRIORIDAD DE LA ALABANZA

Den gracias en todo, porque esta es la voluntad
de Dios para con vosotros en Cristo Jesús.
—1 Tesalonicenses 5:18

La palabra *gozo* aparece 181 veces en la Biblia, y la expresión *acción de gracias*, que aparece en una de sus varias formas unas 136 veces, está entretejida en toda la trama de las Escrituras.

En el Antiguo Testamento a la gracia de la gratitud se le dio tal prominencia que ciertos miembros del sacerdocio fueron asignados a la sola tarea de dirigir a la congregación para expresarla. Por ejemplo, cuando los obreros de Nehemías por fin completaron la reconstrucción del muro alrededor de Jerusalén, reconocieron el momento como un culto de acción de gracias: «Para la dedicación del muro de Jerusalén, buscaron a los levitas de todos sus lugares para traerlos a Jerusalén, para hacer la dedicación y la fiesta con alabanzas y con cánticos, con címbalos, salterios y cítaras» (Nehemías 12:27).

Por lo menos en dos ocasiones la Biblia vincula el espíritu de alabanza agradecida con la vida cristiana victoriosa: «Mas a Dios gracias, el cual nos lleva en triunfo en Cristo Jesús, y por medio de nosotros manifiesta en todo lugar el olor de su conocimiento» (2 Corintios 2:14). «Mas gracias sean dadas a Dios, que nos da la victoria por medio de nuestro Señor Jesucristo» (1 Corintios 15:57).

William Law, que escribió hace siglos, dijo: «¿Te gustaría saber quién es el santo más grande del mundo? No es el que más ora o ayuna más, ni tampoco el que da más ofrendas, [...] sino el que siempre está agradecido a Dios, [...] el que recibe todo como una instancia de la bondad de Dios y tiene el corazón siempre listo para alabar a Dios por eso».

PERSPECTIVA DE LA ALABANZA

En el Antiguo Testamento el profeta Samuel exhortó al pueblo de Dios con estas palabras: «Solamente temed a Jehová y servidle de verdad con todo vuestro corazón, pues considerad cuán grandes cosas ha hecho por vosotros» (1 Samuel 12:24).

¿No deberíamos cada uno de nosotros estar instituyendo un culto personal de acción de gracias todos los días? Vea estos dones de la gracia por los cuales rara vez nos damos tiempo para estar agradecidos:

- Si usted tiene solo una Biblia, está bendecido en abundancia. La mayoría de las personas del mundo no la tienen.
- Si usted se despertó esta mañana más sano que enfermo, está más bendecido que un millón de personas que no sobrevivirán la semana.
- Si usted nunca ha experimentado el peligro de la batalla, la soledad de la prisión, la agonía de la tortura, ni los aguijonazos de la hambruna, está muy por delante que más de quinientos millones de personas por todo el mundo.
- Si usted tiene comida en el refrigerador, ropa en la espalda, un techo sobre su cabeza, y algún lugar donde dormir, es más rico que el setenta y cinco por ciento de las personas de este mundo.
- Si usted tiene dinero en el banco, en su billetera, y un excedente de menudo en algún plato en alguna parte, está entre el ocho por ciento más rico del mundo.
- Si usted oró ayer y hoy, es una minoría, porque cree en la voluntad de Dios para oír y responder a la oración.

+ Si usted tiene la posibilidad de escoger entre iglesias en donde puede adorar con libertad, tiene una bendición que muchas personas de este mundo no tienen.

+ Si usted es un seguidor consagrado de Jesucristo, vive con la seguridad diaria de que tiene la vida eterna y su Salvador ha ido a preparar una mansión para usted en gloria. Millones de personas creen que esta triste vida es todo lo que hay.[3]

Hellen Keller hizo una contundente observación: «A menudo he pensado que sería una bendición si cada ser humano se quedara ciego y sordo por unos pocos días en algún momento de su vida adulta. La oscuridad le haría apreciar más la vista, y el silencio le enseñaría los gozos del sonido».[4]

Imagínese una vida desprovista de gratitud. Sería una vida a la que le faltaría por completo alguna perspectiva saludable. Sería capaz de ver solo problemas. Estaría dominada por el temor, la ansiedad, el estrés, y en última instancia el manto negro de la depresión. En breve, una vida sin gratitud sería una especie de muerte viviente.

Alabado sea Dios porque su gracia nos ha llegado. La muerte y la resurrección de su Hijo nos han rescatado de esa oscuridad, y su Espíritu Santo ha venido a vivir en nosotros, alentando nuestros corazones todos los días hacia toda emoción positiva. Los beneficios de ser un discípulo serio producen una espiral de gratitud que debe romper la corteza de nuestra vida e inundar de luz eterna el paisaje que nos rodea.

Mientras más pensamos en Dios, más le agradecemos. Esos dos verbos tienen su relación, dicho sea de paso. El pensamiento correcto lleva al agradecimiento correcto («brillando reluciente como el sol»).

POSIBILIDADES DE LA ALABANZA

Dando siempre gracias por todo al Dios y Padre,
en el nombre de nuestro Señor Jesucristo.
—Efesios 5:20

Y todo lo que hacéis, sea de palabra o de hecho,
hacedlo todo en el nombre del Señor Jesús, dando
gracias a Dios Padre por medio de él.
—Colosenses 3:17

En Efesios, Pablo nos instruye a dar gracias a Dios por todo. En Colosenses nos dice lo que quiere decir con «todo»: todo acto y toda palabra.

Si quiere ver un modelo en cuanto a cómo vivir de esa manera, no mire más allá del mismo Pablo. Él tenía una gratitud que le siguió hasta sus últimos días de encarcelamiento, enfermedad e incluso críticas de otros creyentes de su tiempo. Es imposible escribir la expresión *acción de gracias* vez tras vez cuando no está grabada en su mentalidad. Pablo escribió cuatro de sus cartas desde la cárcel, y cada una de ellas lleva la expreción *acción de gracias*. Menciona la gratitud diez veces en total.

Ahora considere ese modelo para comparación personal. Si pudiéramos ver una transcripción de todas las palabras que usted ha dicho en el mes pasado, ¿qué revelaría esa fraseología en cuanto a su carácter? Y, ¿qué sucedería si de repente lo echaran en la cárcel sin motivo? ¿Cuál es su idea honesta sobre dónde caerían sus palabras y cartas en el extremo entre lo positivo y lo negativo? Las palabras que salen de nuestra boca dicen mucho en cuanto a lo que somos y cuál es la mentalidad que llevamos por la vida; el ambiente desde el cual pronunciamos esas palabras dice incluso más.

La gente me dice: «Concuerdo en que debo contar mis bendiciones, pero si tan solo usted supiera lo que es mi vida ahora mismo; he tenido un año de veras pésimo. He sido víctima de toda clase de personas y circunstancias».

Pablo y muchos, muchos otros hombres y mujeres de la iglesia primitiva sufrieron con mucha mayor profundidad que nosotros en esas ocasiones que percibimos como duras. La perspectiva determina una gran diferencia, ¿verdad? En nuestro país hay incontables personas que disfrutan de tres comidas al día, con un techo sobre sus cabezas y, sin embargo, pasan su vida pensando que son pobres. Ven las mansiones al otro lado de la ciudad y se sienten menesterosos, porque están en el noventa y siete por ciento de los ricos del mundo y no en el noventa y nueve por ciento.

Pablo fue apedreado en Listra, expulsado de Tesalónica, rechazado por los de Atenas, encarcelado por los de Filipos, arrestado por los de Cesarea, llevado en cadenas a Roma, y naufragó en el camino. Fue puesto en libertad y encarcelado de nuevo, arrojado en una mazmorra, y murió como mártir por su fe. Vivió todos los días con una enfermedad de algún tipo (su «aguijón en la carne») que le producía una desdicha constante. Y nada de eso opacó en nada su gratitud a Dios.

¿Deberíamos sorprendernos? Solo si cometemos el tremendo error de vincular la gratitud y el gozo con las meras circunstancias. Fe, esperanza, amor y gratitud son atributos de la fe que tenemos sin que importen las circunstancias.

La expresión más poderosa de esta idea viene de nuevo de Pablo. Él les ofreció a los romanos una lista de experiencias negativas que los creyentes podían encontrar y encontraron: tribulación, angustia, persecución, hambre, desnudez, peligro y espada. Luego concluyó:

«Antes, en todas estas cosas somos más que vencedores por medio de aquel que nos amó» (Romanos 8:37).

Pablo se sitúa en el punto de mira del diablo y dice: «Aquí estoy. Que el mundo, la carne y el diablo lancen contra mí toda arma posible. Quítenme todo lujo que tengo, como le sucedió a Job. Pruébenme al punto de la aflicción, como le sucedió a Abraham. Permítanme tropezar con los impedimentos de mis propios apetitos de pecado, como le sucedió a David. Incluso podría negar al Señor como Pedro lo negó, y con todo el Señor nunca me negaría. Porque nada, y quiero decir *nada*, puede separarme del amor de Cristo. Nada me negará que sea el conquistador que Cristo me ha hecho mediante el poder y la redención de su amor. Por eso puedo ser fuerte. Puedo ser valiente. Puedo resistir lo que sea que se levante contra mí, porque tengo la ventaja de saber que ganaré al fin por la sangre victoriosa de mi Salvador; sin que importe lo que me suceda aquí en la tierra. Llegaré ante Él en el día del juicio y seré declarado *justificado*, porque el Hijo ha tomado mi lugar. Por consiguiente, me reiré y cantaré con el gozo del cielo incluso en la peor de las tormentas, ¡ y traten de impedírmelo! Viviré cada momento en la abundancia de la gratitud que fluye del poder de la gracia».

El Dr. Lee Salk fue una eminente autoridad en niños y la familia que murió en 1992. Le encantaba hablar de las experiencias de su madre que había crecido en Rusia. Cuando niña la expulsaron de su casa los cosacos. Cuando la chusma asaltante incendió la población y la redujo a cenizas, ella huyó para salvar su vida, escondiéndose en carretas de paja y agazapándose en zanjas. A la larga, embutida en la bodega de un barco, cruzó el mar hasta los Estados Unidos de América.

Hace varios años, una crónica en la revista *Guidepost* relató la historia detrás de la famosa cita del Dr. Salk: «Incluso después de que mi madre se casó y nacieron sus hijos, [...] con todo, era una lucha poner comida sobre la mesa, [...] pero mi madre nos instaba a pensar en lo que teníamos, y no en lo que no teníamos. Ella nos enseñó que en la adversidad uno desarrollaba la capacidad para apreciar la belleza que existe en los elementos más sencillos de la vida. La actitud que ella con tanta firmeza nos trasmitió fue esta: cuando se pone oscuro lo suficiente, uno puede ver las estrellas».

PERFECCIÓN DE LA ALABANZA

Las misericordias de Jehová cantaré perpetuamente.
—Salmos 89:1

Podemos imaginarnos a dos personajes muy parecidos, separados solo por los siglos y después por kilómetros: John Newton dormido junto a su chimenea, Pablo apoyado contra el muro frío de su celda. Podemos imaginarnos a ambos hombres que permiten que sus pensamientos se escapen de los confines de sus cuerpos ancianos y suban al cielo, en donde la culminación de sus vidas y esperanzas llegará al final.

Desde el día de su nacimiento, uno arrojado de su caballo, y el otro por una tempestad en el mar, los dos han ofrecido una continua alabanza y acción de gracias a Aquel que envió la gracia a perseguirlos. Ambos hombres podrían imaginar cómo sería decir al fin gracias cara a cara, desde dentro del velo de santidad y no detrás del velo de lágrimas. Podrían verse como si fueran el apóstol Juan, estando allí a la puerta del cielo en la visión apocalíptica del discípulo amado en Apocalipsis 11:16-17.

Y los veinticuatro ancianos que estaban sentados delante de Dios en sus tronos, se postraron sobre su rostro, y adoraron a Dios, diciendo:
Te damos gracias, Señor Dios Todopoderoso, el que eres, y que eras y que has de venir, porque has tomado tu gran poder, y has reinado.

Amigo mío, ¿alguna vez sueña despierto sobre esa eventualidad?

¿Permite que su corazón divague más allá de las cadenas de este mundo oscuro, al ámbito de la luz pura, que brilla como el sol, en donde mora nuestro Salvador? No es un sueño ocioso, sino nuestro destino firme; es el resultado final al que todo momento y toda actividad de esta vida debe apuntar como letrero de neón en el desierto.

Mientras tanto, sin embargo, esta tierra tendrá que servir. Somos llamados a vivir en un mundo caído, pero la gracia de Cristo es suficiente; como lo fue para Pablo, como lo fue para John Newton. Cada uno de ellos halló paz y nueva vida en el amor de Cristo que cubrió la vergüenza de su pasado. Me pregunto si usted ha experimentado ese nivel de victoria sobre su propia historia de luchas. Me pregunto si la gracia de Cristo está demostrando ser suficiente para usted en sus retos presentes que amenazan traerle ansiedad y quitarle el sueño.

Qué tragedia si uno solo de nosotros vive a la distancia de un brazo de la gracia de Dios y nunca la toma de la mano para experimentar su tremendo poder. Yo he experimentado la suficiencia de la gracia de Dios vez tras vez en mi propia vida, incluso en los momentos en que luchaba contra el cáncer mediante la quimioterapia. Lo que descubrí fue que Pablo tenía toda la razón: nada puede separarnos del amor de Cristo. Nada puede ni siquiera acercarse a eso. La medida de nuestro reto define la medida en la que Dios es glorificado, y usted es bendecido conforme se aferra con mayor firmeza a Él en la tormenta.

La gracia es una fuerza poderosa cuya senda se puede trazar por este mundo. Abre una trocha por entre las más fuertes fortificaciones del diablo, cuando los creyentes solo se despiertan y empiezan a confiar en el poder de su Salvador. Podría ofrecer el más apropiado ejemplo para concluir un libro que ha seguido los viajes de Pablo y Newton por tierra, mar y espíritu.

El relato empieza al pie de la cruz, en donde la gracia cubrió todos los pecados de la humanidad y empezó su senda de redención por nuestro mundo.

La historia continúa cuando la gracia persigue a Pablo hasta que él cambia de forma radical desde adentro. Lo inspira a escribir las cartas de mayor esperanza que se han escrito; poderosas epístolas de gracia.

Seguimos la senda de la gracia al siglo dieciocho, en donde se apodera de un traficante de esclavos en lo más hondo de la desesperación. Primero él halla gracia por sus propios pecados, y a la larga entiende que la gracia se aplica también a los esclavos africanos que compra y vende.

Solo pasan unos pocos años y halla a un joven llamado William Wilberforce, que también es cautivado por la gracia. John Newton, ya en sus años postreros, puede hacer poco para determinar una diferencia en el tráfico inglés de esclavos. Pero Wilberforce, una estrella que va surgiendo en el Parlamento, al final verá la mancha de la esclavitud borrada de la práctica británica.

Por fin seguimos la senda de la gracia cruzando el mar. La historia del himno hallará su culminación en palabra e influencia de forma simultánea. La senda lleva a la puerta de una joven señora en Cincinnati, Ohio, a mediados del siglo diecinueve. Nuevas sorpresas nos esperan allí, y solo podemos sacudir nuestra cabeza y ofrecer nuestra gratitud una vez más al Dios de todas las sorpresas, y por la gracia que es su instrumento.

Esta es esa historia.

LA MUJER QUE EMPEZÓ LA GUERRA

Harriet Beecher Stowe quería ser escritora, y tuvo un comienzo razonable. Ella y su hermana publicaron un libro para niños que tuvo un éxito modesto. Pero Harriet quería escribir novelas como Dickens y Hawthorne. Lo que más necesitaba era un tema digno de la pasión de una escritora.

Harriet vivía con su esposo en Cincinnati, Ohio, donde su padre era rector del Seminario Teológico Lane. Cincinnati era una ciudad interesante en 1850: una ciudad fronteriza, en realidad. Prosperaba con los personajes y el comercio del río Ohio.

Fue en ese escenario que Harriet empezó a conocer a esclavos fugitivos que habían escapado de la cautividad en el sur. Cincinnati era una parada importante del Underground Railroad [Ferrocarril Clandestino], por el cual muchos esclavos negros podían llegar al norte y a la libertad.

Harriet conoció a algunos antiguos esclavos, vio sus cicatrices, y oyó sus historias. Junto a esposo también visitó unas pocas ciudades del sur, y presenció con sus propios ojos las horribles realidades de la vida de la plantación. No pudo borrar esas vistas de su mente incluso cuando los Stowe se mudaron a Maine. Para añadir incluso más al drama de la situación, la Ley de Esclavos Fugitivos se dictó en 1850, la que hacía un crimen dar albergue a un esclavo fugitivo. Harriet Beecher Stowe se sentía cada vez más indignada por la injusticia de todo este estado de cosas. Lo mismo muchos otros. La esclavitud era el gran asunto candente en los Estados Unidos de América.

Sin embargo, fue la pérdida de su hijo Charlie lo que proveyó la chispa que movió la pluma de Harriet. Su nene murió de cólera, y ella se afligió enormemente. Ya entendía lo que era cuando a las esclavas les arrebataban sus hijos de sus brazos y se los quitaban para siempre. Ya sentía un vínculo emocional con la esclava estadounidense.

Su novela *La cabaña del tío Tom* se publicó en 1852. Más que cualquier mero discurso o folleto, sería este libro sensacional lo que personalizaría el asunto de la esclavitud para muchos estadounidenses. Los lectores conocieron al tío Tom y a Simón Legree como si fueran personas reales. Muchos solo habían pensado que la existencia de la industria era una desdicha; con la novela se conmovieron y se apasionaron.

El movimiento antiesclavista había crecido en poder desde sus orígenes en Inglaterra, en donde hombres como John Newton habían encendido las velas que crecerían hasta convertirse en llamas con William Wilberforce y sus asociados. En los Estados Unidos de América, la novela de Harriet Beecher Stowe esparció el mismo fuego. En pocos años, la Guerra Civil Estadounidense se libraría sobre este asunto. Abraham Lincoln más tarde conocería a la autora, que ahora era una celebridad, y le diría en son de broma: «Así que usted es la mujer pequeña que escribió el libro que empezó esta gran guerra».

Otro factor está detrás del éxito fenomenal de *La cabaña del tío Tom*. «Yo no pude controlar la historia; el mismo Señor la escribió», ella diría más tarde. «Fui nada más que un instrumento en sus manos, y a Él se le debe dar toda la alabanza». Incluso en la devastación emocional de perder a su hijo, ella halló que la gracia de Dios era suficiente. Canalizó su duelo a un escrito conmovedor y permitió que el Señor usara sus dones.

La novela de Harriet Beecher Stowe cuenta de un esclavo creyente que venden a Simón Legree. Este aprende solo a leer la Biblia, pero su nuevo amo no les permite tiempo libre a sus esclavos. Legree exige que Tom niegue su fe y viva para el diablo. Tom responde: «Perseveraré. El Señor me ayudará, o no me ayudará; pero me aferró a Él y creo en Él hasta el fin». Esta determinación inspira a Legree a nuevos niveles de crueldad.

Tom se debilita bajo el constante diluvio de golpes de su amo, pero se aferra a su fe con las últimas reservas de valentía. Entonces una noche se sienta junto a un fuego que está apagándose, sumido en la desesperanza, cuando una visión se levanta ante él: «Uno coronado con espinas, flagelado, sangrando». El esclavo que sufre mira a los ojos de su verdadero Amo y deriva fuerzas de la gracia y poder de la visión. Ante sus ojos, las espinas se transforman en rayos de gloria celestial. La figura se inclina más cerca de Tom y lo anima con la promesa del cielo para los que vencen como Él, el Señor, ha vencido.

La visión se desvanece y Tom se despierta de repente, y «las palabras triunfantes de un himno» llenaron el silencio de la noche. Recuerda el canto de días más felices y comienza a cantar. Su melodía resultan ser las tres estrofas de «Sublime gracia». Las dos primeras vienen de las «estrofas perdidas» de Newton, las que muy rara vez usamos hoy.

La tercera estrofa del esclavo, sin embargo, es la encantadora:

Y cuando en Sión por siglos mil, brillando esté cual sol...

Tom ahora es un hombre cambiado. Abandona toda idea de libertad física y abraza la libertad eterna que es su legado como seguidor de Cristo. Se dedica de todo corazón a hablar de esta esperanza a sus compañeros esclavos. El resultado no es difícil de prever. Simón Legree hace flagelar a Tom hasta matarlo, y el esclavo se une a su Salvador en la comunión suprema, en donde una corona de gloria les espera a los que terminan la carrera.

Siempre ha habido poder en la idea del martirio, incluso cuando el mártir es un personaje ficticio como el tío Tom. Todo lector sabía que el tío Tom de Harriet Beecher Stowe representaba a muchos miles de esclavos genuinos que no eran ficticios para nada. En la iglesia inicial se decía que «la sangre de los mártires es semilla». ¿Qué creció de esa semilla? Fe, fe apasionada. Y una fe que se pone a trabajar. Una década después de la publicación de la novela de Stowe, la esclavitud fue proscrita y un activismo cristiano había encabezado su derrota.

Este es el primer uso de la estrofa final de «Sublime gracia» que se puede hallar. La mayoría de los estudiosos piensan que fue *La cabaña del tío Tom*, por consiguiente, la que terminó el trabajo que John Newton había hecho; fue el libro que inspiró a los Estados Unidos de América a tomar su posición contra la esclavitud, tal como Newton, por medio de Wilberforce, había hecho en Inglaterra. Esta es la senda triunfal de la gracia que empieza al pie de la cruz y conduce hasta el día presente, y hasta *usted*.

¿Qué senda seguirá ahora, mediante su dedicación y su gratitud?

LA FRAGANCIA DE LA GRACIA

La sublime gracia es la hebra que une la obra poderosa y justa de proscribir la esclavitud en dos grandes naciones: Sublime gracia como la obra milagrosa del Espíritu, y «Sublime gracia» como el duradero himno de gratitud por el amor y la misericordia de Dios, dado de gratis a los que podrían haber muerto sin esperanza.

La gracia le enseñó al corazón de Newton a temer, y la gracia alivió sus temores. La gracia le enseñó a su corazón a ver la realidad de la justicia más allá de los convencionalismos sociales de su vida. Lo inspiró a escribir palabras que por muchas generaciones captarían a la perfección esa gracia como al principio lo cautivó a él.

La gracia le enseñó al corazón de Harriet Beecher Stowe a afligirse por los seres humanos agotados, abusados, que ella conoció en Cincinnati. La fortaleció para sobrevivir a su propia aflicción por su hijo pequeño que había muerto por la enfermedad y a glorificar a Dios sin que importaran las circunstancias. Al fin, esa misma gracia la inspiró a escribir una novela clásica que complementaría el himno clásico de Newton, la cual ella terminó de una manera nueva, para completar el círculo de la providencia de Dios.

En su libro *Radical Gratitude*, Ellen Vaughn cuenta de un incidente que tuvo lugar en el sistema de tren subterráneo de Washington. El atestado tren se había quedado parado en la vía bajo tierra. Los pasajeros apurados habían perdido las casillas. Nadie se había dirigido la palabra, pero ahora se dedicaban a lanzarse mutuas y frenéticas acusaciones, contra el conductor, las autoridades del ferrocarril, el gobierno federal, y cualquiera a quien pudieran echarle la culpa de esta terrible inconveniencia.

En algún momento en medio de todo este desquite, una mujer con varias bolsas repletas de compras las dejó caer y se rompió una botella de perfume. A los pocos minutos, la fragancia pura y lujosa se había extendido por todo el atestado vagón. Fue como si el olor fresco tranquilizara a las personas, quitándoles el embrujo oscuro. Respiraron, sonrieron con placer, se tranquilizaron y empezaron a reírse unos con otros.[5]

Este mundo, lleno de quejas, amenazas y gritos de desesperanza, puede usar una gota del aroma del paraíso. La oscuridad parece ser impermeable y, sin embargo, huye ante la luz de la gracia de Dios. Todo lo que necesitamos es hallar nuestra propia voz. La gracia usará las cartas de Pablo, la letra de Newton, la literatura de la señora Stowe, o el amor que es suyo en forma exclusiva para expresarlo. La gracia de Dios puede tomar cualquier y toda forma. Puede irrumpir en cualquier situación desesperada o sin esperanza. Ha viajado por sendas misteriosas por dos mil años, y este mundo en tinieblas no puede hacer nada sino conceder una mayor oportunidad para la mayor gloria de Dios.

Es mi oración que incluso ahora mismo usted esté siguiendo la senda de la gracia fragante y hermosa de Dios, que esté llenando su corazón con una paz y un gozo que se levanten firmes contra los peores ataques del maligno, que sus relaciones personales lleguen a ser cada vez más semejantes a las de Cristo, para que los que lo conocen no puedan menos que ser tocados por la gracia y no puedan menos que preguntarle por su fuente. Es mi oración que incluso usted, que ha sido cautivado por la gracia, sea un instrumento para ayudar a que cautive cada vez a más personas en este mundo desesperado por conocerla; para que un día, cuando estemos ante la Fuente de la sublime gracia, tenga incluso una mayor razón para el gozo y la gratitud, porque al fin usted llegará a ser parte de la historia por sí mismo.

De gracia recibisteis; dad de gracia.

— Jesús (Mateo 10:8)

Momentos *de* gracia

❧

He aquí cuatro ideas para cultivar una actitud de gratitud. Primero, cuente sus bendiciones, en forma literal. La compositora de himnos France Ridley Havergal llevaba una lista diaria de acciones de gracias junto con su lista de peticiones de oración, y cada día anotaba nuevas bendiciones por las cuales estar agradecida. ¿Por qué no probarlo? Usted puede usar su calendario diario o una computadora de mano.

¿Le ha agradecido a Dios por las bendiciones pequeñas, a menudo soslayadas? ¿Agua caliente por la mañana? ¿Un par de calcetines abrigados? ¿Sus zapatos?

Segundo, pídale a un amigo íntimo que le diga cuando usted se queje. La mayoría de nosotros nos quejamos con tanta frecuencia que se vuelve un hábito del cual no nos damos cuenta. Pídale a su amigo que sea el que le señale su actitud.

Tercero, empiece a usar terminología bíblica cuando agradezca a otros. En lugar de decir: «Gracias», pruebe: «Doy gracias a Dios por ti».

Cuarto, haga el hábito de irse a la cama todas las noches con acción de gracias en su mente. Cuando apague la luz, busque tres o cuatro bendiciones y permita que sus últimos pensamientos de vigilia sean oraciones contentas de acción de gracias y alabanza a Dios.

FINAL

Cautivado
para siempre

❧

Si ha leído hasta aquí, amigo mío, usted y yo hemos sido compañeros de viaje de cierta manera.

Juntos hemos atravesado las tormentas con John Newton y luego nos hemos sentado con él junto a la chimenea y nos hemos maravillado por la transformación de su espíritu. Nos hemos preguntado cómo puede ser que una persona que empieza su vida como un paria social —privado de su madre, abandonado por su padre, y abusado por sus semejantes— pueda llegar a ser tan cariñoso y hallar recursos de gracia tan inagotables para ofrecer al mundo.

Usted y yo también hemos recorrido unos cuantos kilómetros con un hombre al que una vez se le conoció como Saulo. Lo hemos observado cuando arrastraba a los creyentes fuera de sus casas. Hemos observado sus nociones férreas de pureza religiosa, y hemos visto desaparecer todo eso en el polvo de un camino a Damasco. Tal vez hubo ocasiones en que usted puso el libro a un lado solo para sentarse y contemplar la imposibilidad de estas cosas: un hombre con credenciales de oro como un rabino hebreo, erudito en griego y ciudadano romano, haciendo todo eso a un lado por una vida de adversidad, hablándoles a todos de un carpintero crucificado de Nazaret, sabiendo que eso le conduciría a su propia ejecución. ¿Por qué?

Si fuera solo en cuanto a John Newton y el apóstol Pablo, tal vez pudiéramos descartar estas cosas como ocurrencias desatinadas de la historia. Pero, sabemos mejor que eso, ¿verdad? Sabemos que su iglesia viva ha conquistado probabilidades de un millón contra uno para sobrevivir y derribar al Imperio Romano en aquellos primeros años. Ha resistido la supresión política, el ataque intelectual, y el trastorno social en todo continente habitado. Empieza con un campesino crucificado y un puñado de seguidores nada impresionantes; acaba con cientos de millones de devotos seguidores vivos hoy. ¿Cómo?

Y ahora, en este mismo momento, esa fe viva ha hallado su camino a la puerta de su propio corazón.

Usted y yo hemos navegado juntos estas páginas, es verdad. Pero siempre ha habido una Tercera Parte en nuestra presencia. Usted la percibió, ¿verdad? John Newton sabía que Él estaba allí. Pablo sabía que Él estaba allí; y ahora Él está ante usted y le pide que lo reconozca. Allí es donde termina mi parte personal de su viaje. Nuestras sendas se apartan aquí, porque Él es el único que puede hacer esa etapa final del viaje: la que conduce a su propia alma. Sé lo que Él anhela hacer hoy. Como en el poema de Francis Thompson, las pisadas del Sabueso Celestial le han seguido hasta este momento presente, la situación presente, y el punto presente de decisión. Jesucristo, la misma personificación de la gracia, le ama profundamente. Le ama desde que usted nació. Según la Biblia, Él ya sabía de este momento y lo anhelaba, incluso desde la fundación del tiempo. Él ha estado ansioso por conocerlo como su amigo. Así es lo mucho que significa usted para Él.

Quiero cerciorarme de que usted sabe con exactitud lo que incluye decir que sí a ese amor y a esa gracia. No hay nada complicado en eso, créame. No hay requisitos que usted tiene que salir al mundo y cumplirlos. No hay ningún centavo que tenga que pagar. Todo es por gracia, ¿recuerda?

Usted nada más tiene que concordar con Jesucristo en que solo Él puede calmar las tormentas de su vida. Solo tiene que tomar su posición a su lado cuando Él esté junto a usted, y permitirle que Él responda por todo pecado y fracaso en su vida.

Entonces empezará la vida de gozo que Él siempre quiso para usted. Como hemos hablado, no es una vida libre de dolor o lucha, pero es una vida con Él a su lado, dándole esperanza, dándole todo lo que necesita para atravesar cualquier tormenta. También significa una eternidad para disfrutar de su presencia. Piense en eso, amigo mío, una eternidad en la cual no habrá más dolor, ni más lágrimas, y en la que usted por fin será todo lo que Él le creó para que fuera.

La recompensa es insondable; el requisito es sencillo. ¿Cómo, entonces, puede usted decirle que sí a Jesucristo ahora mismo y aquí?

- ♦ *Reconozca* que usted es un pecador o pecadora impotente, como todos nosotros en este mundo. Como Pablo escribe: «No hay justo, no hay ni siquiera uno» (Romanos 3:10).

+ *Afirme* que Jesucristo, que es el Hijo perfecto y sin pecado de Dios, aceptó su propia pena al morir por usted. «Mas Dios muestra su amor para con nosotros, en que siendo aún pecadores, Cristo murió por nosotros» (Romanos 5:8).

+ *Pídale* a Él que le salve ahora mismo. «Que si confesares con tu boca que Jesús es el Señor, y creyeres en tu corazón que Dios le levantó de los muertos, serás salvo» (Romanos 10:9).

+ *Siempre* sirva a Jesucristo como Señor y Maestro, todos los días.

+ «Mas vosotros no vivís según la carne, sino según el Espíritu, si es que el Espíritu de Dios mora en vosotros» (Romanos 8:9).

Sí, esa decisión transformará su vida por completo. Desde el momento en que usted reciba la salvación y el señorío de Cristo, empezará a transformarlo un poco más cada día para que sea semejante a Él. Usted será más sabio, más fuerte, más una bendición para otros. Pero todo empieza con una sencilla declaración, ese sincero sí, de su corazón al corazón de Cristo.

Si usted no está seguro con exactitud de cómo hacerlo, le sugiero que se imagine que Jesucristo está allí en su presencia, como es lo más cierto que lo está. Entonces eleve una sencilla oración, lo que quiere decir nada más que hablar con Él. Sus palabras pueden ser como estas:

Señor Jesús, soy como cualquier otro ser humano: no puedo avanzar por la vida por mí mismo. Soy imperfecto. Soy proclive al pecado. He llegado a darme cuenta de que no hay nada en el mundo que pueda hacerme aceptable ante ti. Pero sé que me amaste tanto que estuviste dispuesto a someterte a la cruz por mí. Esa es una gracia tan sublime que no puedo entenderla, todo lo que puedo hacer es recibirla; y la recibo. Recibo tu dádiva gratuita, y sé que desde este momento he sido salvado. Soy un hijo del cielo. Te entrego el resto de mi vida para servirte y disfrutar del gozo que solo tú puedes ofrecer. Lléname ahora, amado Señor, y levántame para andar en una vida nueva. Te agradezco y te alabo. Amén.

Si usted ha llegado a ser un hijo de Cristo mediante este libro, le felicito y le doy la bienvenida de todo corazón. La vida para usted empieza en verdad ahora; ¿podría algo ser más emocionante? Espero que lo primero que haga sea permitir que alguien sepa de su maravillosa decisión. Busque una iglesia en donde se predique a Cristo y en donde sus hermanos creyentes lo cuiden y lo ayuden a crecer.

Me encantaría oír de su experiencia. Esto alegraría más mi día. Usted puede ponerse en contacto conmigo en:

Facebook (@drdavidjeremiah), Twitter (@davidjeremiah) y en el sitio web (davidjeremiah.org)

Amigo mío, que su vida refleje la gracia que es demasiado maravillosa para las palabras. Que empiece ahora a participar de ella de todo corazón, desde este momento hasta que lleguemos juntos al destino final, en donde usted y yo nos postraremos ante el Autor de la gracia, y en donde todo su amor y toda su misericordia alcanzarán su expresión culminante.

BIBLIOGRAFÍA SELECTA

Bull, Josiah. *«But Now I See»: The Life of John Newton*. Banner of Truth Trust, Carlisle, PA, 1998.

Cecil, Richard. *The Life of John Newton*, ed. Marylynn Rouse. Christian Focus, Fearn, Ross-shire, 2000.

Hindmarsh, D. Bruce. *John Newton and the English Evangelical Tradition*. Eerdmans, Grand Rapids, 2000.

Newton, John. *The Journal of a Slave Trader: 1750-1754*. ed. con introducción por Bernard Martin y Mark Spurrell. Epworth, n.d, Londres.

_____. *Letters*. Banner of Truth Trust, Carlisle, PA, 1960.

_____. *Letters and Reflections to My Adopted Daughters*. Comp. Jody Moreen. Pleasant Word, Enumclaw, WA, 2005.

_____. *The Life and Spirituality of John Newton*, introducción por D. Bruce Hindmarsh. Regent College Publishing, Vancouver, B.C, 2003.

_____. *Out of the Depths*. Revisado para los lectores de hoy por Dennis R. Hillman. Kregel, Grand Rapids, 2003.

_____. *The Searcher of Hearts*. Christian Focus, Fearn, Rossshire, 1997.

_____. *Thoughts upon the African Slave Trade*. Londres: 1883. Turner, Steve. *Amazing Grace*. HarperCollins, Nueva York, 2002.

NOTAS

Capítulo 1: La presencia cautivadora de la gracia

1. «A Moment of Grace». www.nytimes. com./2005/08/17/ opinion.

2. D. Bruce Hindmarsh, *John Newton and the English Evangelical Tradition* (Eerdmans, Grand Rapids, 1996), p. 51.

3. John Newton, *Out of the Depths*, revisado por Dennis R. Hillman (Kregel, Grand Rapids, 2003), pp. 28, 33, 41, 66.

4. Richard Cecil, *The Life of John Newton*, ed. Marylynn Rouse (Christian Focus, Fearn, Ross-shire, 2000), p. 162.

5. Citado en Steve Turner, *Amazing Grace* (HarperCollins, Nueva York, 2002), p. 15.

6. Ibíd., p. 217.

7. Ibíd.

8. Ibíd., p. 218.

9. D. M. Lloyd-Jones, *Romans: An Exposition of Chapters 3:20—4:25, Atonement and Justification* (Zondervan, Grand Rapids, 1970), p. 57.

10. W. H. Griffith Thomas, *Outline Studies in the Acts of the Apostles* (Eerdmans, Grand Rapids, 1956).

11. Víctor Hugo, *Les Misérables*, Trad. Isabel Florence Hapgood. Dominio público. www.gutenberg.org/etext/135.

Capítulo 2: El plan compasivo de la gracia

1. Thomas G. Long, «God Be Merciful to Me, a Miscalculator», *Theology Today*, vol. 50, no. 2 (julio de 1993), p. 165-68.

2. John Newton, *The Life and Spirituality of John Newton*, introducción por D. Bruce Hindmarsh (Regent College Publishing, Vancouver, B.C, 2003), p. 50.

3. Cornelius Plantinga Jr., *Not The Way It's Supposed to Be: A Breviary of Sin* (Eerdmans, Grand Rapids, 1995), p. 199.

4. Charles R. Swindoll, *Growing Deep in the Christian Life* (Multnomah, Portland, 1986), p. 207.

5. Kent Hughes, *Romans—Righteousness from Heaven* (Wheaton, IL: Crossway, 1991), p. 76.

6. Alexandr Solzhenitsyn, *The Gulag Archipelago 1918-1956: An Experiment in Literary Investigation* (Westview, Boulder, CO, 1973), p. 168.

7. Donald Grey Barnhouse, *God's Remedy, God's River— Romans*, vol. II (Eerdmans, Grand Rapids, 1953), pp. 5-6.

8. John R. W. Stott, *The Cross of Christ* (InterVarsity, Downer's Grove, IL, 1986), pp. 189-192.

9. Benjamin Breckinridge Warfield, «Redeemer, Redemption» en *The Person and Work of Christ*

(Presbyterian and Reformed Publishing, Filadelfia, 1950), pp. 325-348.

10.   James Montgomery Boice, Romans, Vol I—*Justification by Faith: Romans 1—4* (Baker, Grand Rapids, 1991), pp. 375-376.

11.   William Cowper, *The Works of William Cowper* (Londres: H. G. Bohn, 1853), p. 10l.

12.   Richard Cecil, *The Life of John Newton*, ed. Marylynn Rouse (Christian Focus, Fearn, Ross-shire, 2000), p. 119.

13.   John Piper, «Insanity and Spiritual Songs in the Soul of the Saint: Reflections on the Life of William Cowper», Bethlehem Conference for Pastors, 29 de enero de 1992. http://www.desiringgod.org/library/biographies/92cowper.html.

Capítulo 3: El poder transformador de la gracia

1.   Henri J. M. Nouwen, El regreso del hijo pródigo, (PPC Editorial, Madrid, 2005).

2.   Kenneth E. Bailey, *The Cross and the Prodigal* (InterVarsity, Downers Grove, IL, 2005), pp. 52-53.

3.   Ibíd., p. 67.

4.   Ibíd.

Capítulo 4: La perspectiva clara de la gracia

1.   Josiah Bull, *«But Now I See»: The Life of John Newton* (Banner of Truth Trust, Carlisle, PA, 1998), pp. 62, 358.

2. Cornelius Plantinga Jr., *Not the Way It's Supposed to Be: A Breviary of Sin* (Eerdmans, Grand Rapids, 1995), p. xiii.

3. Mark R. McMinn, *Why Sin Matters: The Surprising Relationship Between Our Sin and God's Grace* (Tyndale, Wheaton, IL, 2004), p. 21.

4. Ibíd., p. 50.

5. Donald Grey Barnhouse, *Man's Ruin, God's Wrath— Romans*, vol. I (Eerdmans, Grand Rapids, 1959), p. 18.

6. Adaptado de Charles Haddon Spurgeon, *Earnest Expostulations in Metropolitan Tabernacle Pulpit*, vol. 29 (The Banner of Truth Trust, Carlisle, PA, 1971), p. 196.

7. William Hendriksen, *New Testament Commentary: Exposition of Paul's Epistle to the Romans* (Baker, Grand Rapids, 1980), p. 95.

8. C. S. Lewis, *Mero Cristianismo* (HarperOne, Nueva York, 2006), pp. 4-5.

9. John Warwick Montgomery, *Damned Through the Church* (Bethany Fellowship, Minneapolis, 1970), pp. 62-63.

10. Adaptado de Kent Hughes, *Romans—Righteousness from Heaven* (Crossway, Wheaton, IL, 1991), pp. 71-72.

Capítulo 5: La provisión consoladora de la gracia

1. John R. W. Stott, *Romans: God's Good News for the World* (InterVarsity, Downers Grove, IL, 1994), p. 140.

2. Lloyd Ogilvie, *Drumbeat of Love* (Word, Waco, TX, 1978), pp. 176-177.

3. W. H. Griffith Thomas, *Outline Studies in the Acts of the Apostles* (Eerdmans, Grand Rapids, 1956), p. 150.

Capítulo 6: El punto conector de la gracia

1. John Newton, *The Life and Spirituality of John Newton*, introducción por D. Bruce Hindmarsh (Regent College Publishing, Vancouver, B.C., 2003), p. 54.
2. Ibíd., p. 57.
3. Ibíd., p. 63.
4. D. Bruce Hindmarsh, *John Newton and the English Evangelical Tradition* (Eerdmans, Grand Rapids, 2000), p. 13.
5. W. H. Griffith Thomas, *Outline Studies in the Acts of the Apostles* (Eerdmans, Grand Rapids, 1956), p. 163.
6. C. S. Lewis, *Christian Reflections* (Harcourt Brace, San Diego, 1956), p. 228.
7. F. B. Meyer, *Paul: A Servant of Jesus Christ* (Christian Literature Crusade, Fort Washington, PA, 1978), p. 42.
8. C. S. Lewis, *Surprised by Joy* (Harcourt Brace, San Diego, 1956), p. 228.

Capítulo 7: La desconcertante paradoja de la gracia

1. Mrs. Charles Cowman, *Streams in the Desert* (Zondervan, Grand Rapids, 1965), p. 90.
2. Kenneth Wuest, *Wuest's Word Studies from the Greek New Testament*, vol. 3 (Eerdmans, Grand Rapids, 1973), p. 82.

3. Paul Lee Tan, *Encyclopedia of 7000 Illustrations: A Treasury of Illustrations, Anecdotes, Facts, and Quotations for Pastors, Teachers, and Christian Workers*, ed. electrónica. (Bible Communications, Garland, TX, 1979). Publicado en forma electrónica por Logos Research Systems, 1997.

4. John Newton, *Out of the Depths*, revisado por Dennis R. Hillman (Kregel, Grand Rapids, 2003), p. 12.

5. «August 15, 1964—Congo Rebels Reached Helen Roseveare», Christian History Institute. http://chi/gospelcom.net/DAILYF/2002/08/daily-08-15-2002.shtml.

6. «Digging Ditches: Evangelicals Now Interviews Legendary Missionary Helen Roseveare». www.e-n.org.uk/2005- 09/3132-Digging-ditches.htm.

7. Josiah Bull, *«But Now I See»: The Life of John Newton* (Banner of Truth Trust, Carlisle, PA, 1998), p. 304.

Capítulo 8: La segura promesa de la gracia

1. John MacArthur, *The MacArthur New Testament Commentary: Romans 1—8* (Chicago: Moody, 1991), p. 471.

2. John Phillips, *Exploring Romans* (Moody, Chicago, 1969), p. 134.

3. Donald Grey Barnhouse, *Romans, God's Heirs: Romans 8:1-39* (Eerdmans, Grand Rapids, 1959), p. 153.

4. Annie Johnson Flint, citado en Mrs. Charles Cowman, *Streams in the Desert* (Zondervan, Grand Rapids, 1965), pp. 110-11.

5.   chi/gospelcom.net/DAILYF/2002/08.

6.   www.e-n.org.uk/2005-09/3132-DiggingDitches.htm.

7.   John Newton, *Letters and Reflections to My Adopted Daughters*, comp. Jody Moreen (Enumclaw, WA: Pleasant Word, 2005), p. 105.

Capítulo 9: La cautivadora perspectiva de la gracia

1.   Steve Turner, *Amazing Grace* (Nueva York: Harper Collins, 2002), p. 107.

2.   Josiah Bull, *«But Now I See»: The Life of John Newton* (Banner of Truth Trust, Carlisle, 1998), p. 359.

Capítulo 10: La alabanza continua de la gracia

1.   James MacDonald, *Lord, Change My Attitude (Before It's Too Late)* (Moody, Chicago, 2001), p. 35.

2.   Roben A. Emmons y Michael E. McCullough, «Highlights from the Research Project on Gratitude and Thankfulness». http://psychology.ucdavis. edu/labs/emmons/.

3.   www.sermonillustrator.org/illustrator/ sermon2/blessed.htm.

4.   James S. Spiegel, *How to Be Good in a World Gone Bad: Living a Life of Christian Virtue* (Kregel, Grand Rapids, 2004), p. 174.

5.   Ellen Vaughn, *Radical Gratitude* (Zondervan, Grand Rapids, 2005), p. 48.

¿HAS LEÍDO ALGO BRILLANTE Y QUIERES CONTÁRSELO AL MUNDO?

Ayuda a otros lectores a encontrar este libro:

- Publica una reseña en nuestra página de Facebook @GrupoNelson

- Publica una foto en tu cuenta de redes sociales y comparte por qué te agradó.

- Manda un mensaje a un amigo a quien también le gustaría, o mejor, regálale una copia.

¡Déjanos una reseña si te gustó el libro! ¡Es una buena manera de ayudar a los autores y de mostrar tu aprecio!

Visítanos en **GrupoNelson.com** y síguenos en nuestras redes sociales.